河出文庫

実話怪談 でる場所

川奈まり子

河出書房新社

実話怪談
でる場所

目次

実話怪談　でる場所

怖い私

私は自分に霊感があるとは思わず、どちらかというと幽霊などは信じない現実主義者だ。しかし怪異の方から寄りついてくるようで、理屈に合わない奇妙な出来事に子供の頃からたびたび遭遇してきた。

けれども、これまではそうしたことを書いてみようとは思わなかった。気が変わったのにはわけがある。

現在、私は作家を専業にしているが、十年余り前までAVに出演していた。

AV女優の桃井望さんに出逢ったのは、二〇〇一年の夏頃だったろうか。

私は彼女の共演者にすぎなかったけれど、その前に、私の現在の夫で当時同棲していたAV監督、溜池ゴローが、桃井さんの主演作を監督していた。

だから彼女と私とは初対面から話題に困らず、ごく短時間のうちに打ち解けた。

翌二〇〇二年、桃井さんは長野県内の河川敷で、刃物で刺されたうえ灯油をかけて火を放たれた無残な焼死体で発見された。

次は林由美香さん。彼女とは、二〇〇〇年頃から私の引退間際まで、十回以上共演し、業界内のイベントなどで顔を合わせる機会も多かった。

しかし、林さんも二〇〇五年に自宅で亡くなっているのが見つかった。詳細な死因は公表されていない。

その次は、冴島奈緒さん。彼女とも共演したことがきっかけで、たまたま家が近所同士だったせいもあって親しくなったが、あるときからなぜか急に疎遠になった。

彼女の訃報に触れたのは二〇一二年の十月のことだった。私と交流が途切れた頃に癌を患い、闘病生活を送っていたのだという。亡くなってからひと月近く経っていた。

冴島さんの享年は四十四。私より一つ年下だ。歳が近く、一時はお互いの家を行き来するほど仲がよかったことから、彼女の死の衝撃は大きかった。

そしてこのとき初めて、あることに気づいた。

――共演した女性が死にすぎるのではないか。

桃井さん、林さん、冴島さんだけだろうか。いや、他にもいる。

彼女たちほど近しくなかったため忘れかけていたが、共演したことのある企画系の女優さんが二人、亡くなっていた。理由も時期もばらばらだが、いずれもビルから飛び降りて自死している。

それから、同じ事務所の後輩が一人、経営を任されていた六本木の風俗店が警視庁の摘発を受けた直後に姿を消している。警察の手入れを受ける原因になった事件には暴力団が絡んでおり、「消された」のだという噂《うわさ》が事件後、ネットで囁かれた。失踪から十年。未だに見つかったという話は聞かない。

そして二〇一三年、三鷹女子高生ストーカー殺人事件が起きた。殺害された少女の顔写真と氏名をインターネットのニュースサイトで初めて見たときの衝撃は忘れられない。

私は、『冷たい部屋』という自主制作映画で彼女と共演していたのだ。胸底に黒く冷たい澱《おり》がたまっていくような気がした。三鷹の事件の子はＡＶ女優ではなく、きちんとした家庭のお嬢さんだった。他の六人との共通点といえば、私と共演したこと、ただそれだけである。

もしや元凶は私自身なのか……。昔、アメリカに「腸チフスのメアリー」と呼ばれた女がいた。彼女はチフス菌の保菌者で、彼女自身は発病せずに菌をまきちらし、結果的に多くの人を罹患させ、一部は死に至らしめた。

私は、あのメアリーのようなものなのかもしれない。

思えば禍々《まがまが》しい不可思議は、長年、私の友だった。

矛盾に満ち、自分でも信じ難く、語ることを避けてきた記憶の数々。あれらを身の外に吐き出す必要を初めて感じた。

そして私は亡くなった友人らの供養をするような気持ちでパソコンに向かい、これまで体験した怪異を形にしようと努めはじめたのだが。

そのとき耳もとで、女の声が囁いた。

「もういいの?」

振り向いても誰もおらず、気がつくと、全身が氷のように冷たい汗でびっしょりと濡れていた。

あの優しげな囁きは、今も耳の奥でこだましている。

何が「もういいの」か、私にはわかっている。もう殺さなくてもいいのかと問われたに違いなかった。恐ろしいことに、あれは私自身の声だった。

以来、実話怪談を書かねばならないと半ば本気で信じ込んでいる。私が、また誰かを死なせてしまうことのないように。

事故物件スタジオ

東村山市・松寿園スタジオ

事故物件とは、不動産用語でいうところの心理的瑕疵《かし》物件の一部であり、マンションやアパートの部屋、家屋などの物件で、主に前の住人が自殺や殺人などの不自然な死を遂げたものを指す。

心理的瑕疵物件には告知義務があるが、ホテルやハウススタジオは住居ではないためこの限りではない。

二〇〇〇年の春だった。当時AV女優だった私は、『女教師　まり子32歳』という作品に出演するため、東京都東村山市にある「松寿園《しょうじゅえん》」というスタジオへ行った。

スタジオに着くと間もなく、メイク係が「このスタジオ、何だか怖いわ」「二階のトイレ、厭な感じがしない?」と怯えたようすを見せたかと思うと突然床にくずおれて、転げまわって苦悶しはじめた。当然、大騒ぎになり、すぐに救急車が呼ばれた。

まだメイクを仕上げてもらっておらず、気が動転していたが、なんとか冷静を保って自分で化粧を済ませ、ほとんどスケジュールを遅らせることなく撮影に臨んだ。そのときの監督、溜池ゴローと私は恋愛関係にあって同棲しており、撮影スケジュールがタイトなことや制作の懐事情をよく知っていたのだ。

ワンカット目は、廊下を歩く場面だった。二階の廊下の突き当たりに、扉のついた半畳ほどのスペースがあった。そこに私がイヤーモニターを付けたスタッフと一緒に入り、廊下の向かい側の端にいる監督がイヤーモニターに合図を送ると、スタッフが私の肩を叩く。そうしたら、私は扉を開けて、颯爽と歩み出てカメラに収まる。そういう段取りになっていた。

それにしても、これは何のための空間なのか。入ってみると、片隅に仏壇用の香炉が置かれ、線香を燃やした痕《あと》があった。

「厭な感じですね」スタッフが私を振り向いて苦笑いした。

扉を閉めると、狭いスペースは真っ暗になった。濃密な線香の匂いに包まれる。暗闇で衣ずれの音がした。スタッフが身じろぎしたに違いないと思った――が、どうしたことか、音とは反対の方向から手が伸びてきて、私の肩を叩いたのだった。

奇妙なことはそれだけでは済まなかった。

廊下の場面の撮影後、制作会社のＡＤが一人、姿をくらましてしまった。

数日後、彼はフラリと会社に現れたが、なぜ突然姿を消したのか、これまでどこで何をしていたのか、要領を得た説明が出来なかったそうだ。

それから、スチールカメラが故障した。照明機材も壊れた。そうこうするうち、搬送されたメイク係に付き添って病院に行ったスタッフから、彼女が緊急手術を受けることになったという報告が届いた。胆嚢が破裂しており、命も危険な状態だという。

その頃には、ほとんどのスタッフや出演者たちが、このスタジオは何かおかしいと言いだしていた。特に、二階のトイレが怖いと言う者が多かった。

そして最後に、私が地下室で、そこに居ないはずの老人に遭った。

松寿園は鉄筋コンクリート三階建てで、病院のような造りだった。

各階とも、長い廊下の両側に部屋がいくつも並んでおり、二階には車椅子用を含め、個室がいくつもある広いトイレがあった。メイク係が倒れたメイクルームはこのトイレの真下に位置していた。

地下には使われていない広い厨房とユニットタイプのシャワー室があった。シャワー室は比較的新しく、スタジオへと改装した後に据え付けられたもののように見えた。

私は独りで地下へ降りて、シャワーを浴びた。行ったとき、厨房に明かりは点いていたが、誰もいなかった。しかし、体を洗い終わってガウンを着てシャワー室から出ると、五メートルほど離れた厨房の真ん中で、見知らぬ男性がこちらを向いて立っていた。

男性は相当に年輩の老人で、黒い猫を抱いていた。シャツ、ラクダ色のVネックセーター、灰色のズボンといった特徴の無い地味な服装をし、無表情に私のことを見つめている。

私は、いぶかしみながらも「おつかれさまです」と挨拶した。老人は返事をしなかった。虚ろな視線を投げかけてくるばかりだ。

このスタジオの関係者だろうか。今回の制作スタッフの顔は全員知っているが、その中にこんな年寄りはいない。私はそそくさとその場を去って、一階で監督たちに会うとすぐ、これこれこういう人が地下にいたと説明した。

不思議なことに、誰もそんな老人は知らなかった。

この松寿園を運営しているスタジオ管理会社から派遣されてきている担当者は四十そこそこで、しかも年齢より若く見えるタイプだという。

では外部の人間が入り込んだのか。ここはAVの撮影現場だ。盗撮などが行われる可能性も考えられる。すわ非常事態かと、若いスタッフが地下に飛んでいったが、間もなく拍子抜けしたようすで戻ってきた。

誰もいなかったのだという。

監督は、だったら徘徊《はいかい》老人が潜り込んだのだと言い、たしかに考えられる可能性はそれぐらいしかなかったが、地下には一階へ繋がる階段以外の出入り口が無く、その周辺には常に複数の人がいたうえ、私がシャワーを浴びていた時刻には、建物の扉は裏口も含めてすべて施錠されていたのである。

その撮影から約一年後、私は老人ホームを舞台にしたお色気コメディの台本を書く準備をしていた。取り寄せたいくつかの資料の中に、老人介護施設などで実際に起きた事件について保険会社が取りまとめた事例集があった。あまり参考にすることもなかろうと思って斜め読みしていたところ、「松寿園」の三文字が目に飛び込んできた。

《一九八七年六月六日、東京都東村山市青葉町の特別養護老人ホーム「松寿園」で火災事故発生、死傷者計四十二名》

私は息を呑み、たちまち好奇心を掻き立てられた。そこで、「松寿園　火災　東村山　死者」といったキーワードでインターネット検索を掛けると、すぐに介護士のブログや市議会議員のホームページ、東村山市議会の議事録など、複数のウェブページがヒットしたのだった。

《二階リネン室付近から出火、耐火三階建ての同園の二階四五〇㎡を焼損し、死者十七名（うち病院収容後死者五人）、負傷者二十五人を出す悲惨な火災となりました》

《犠牲者の平均年齢は八十一歳》

《東村山で昔、松寿園っていう老人ホームがあって、火事になって、車椅子や寝たきりの人が大勢亡くなった。火事のときは人の焼ける臭いがしたらしい》
《二階のトイレで亡くなった方たちが多かったそうだ。水を求めたのだろう》
寒気を覚え、鳥肌を立てながら、調べるのを止められなかった。そしてついに「2ちゃんねる」の掲示板でこんなコメントを探しあてた。
《松寿園は火事の数年後にリフォームされて、ドラマとかのロケに使われてました。何度か仕事で入った事がありますが、いい気分はしなかった》
もう間違いない。どうやら私は幽霊に遭ってしまったようだ。あそこは大勢お年寄りが亡くなった建物だったのだ。
火災のあった老人ホーム「松寿園」と件《くだん》のスタジオの住所を照らし合わせて、番地が一致することも確認した。
現在、松寿園は解体撤去され、同じ場所に集合住宅が建っている。
そこに住んでいらっしゃる皆さんの気分を害したくないので、何丁目の何番地かは内緒にしておく。

青山霊園で祟られた少女

港区・青山霊園

青山霊園の都市伝説として有名な話が二つある。一つはタクシー運転手の話。もう一つは「幽霊注意」の標識の話だ。

タクシー運転手の怪異譚はこんな話だ。

——霊園の前で深夜に女性のお客を拾ったが、しばらく車を走らせたのちに、ふとバックミラーを見ると、そこにいるはずのお客の姿が映っていない。慌てて振り返ると、シートがぐっしょりと濡れている——。

これをベースに、運転手が振り返るとお客が座っており、降ろした後で確認したところシートが濡れているパターンや、霊園の前ではなく別の所で乗せて目的地が霊園だったというパターン、乗せたときから女性はずぶ濡れだったというパターンなど、複数のバリエーションがある。

「幽霊注意」の標識は、霊園内の道路脇に、四角形にエクスクラメーションマーク『!』を記した黄色い標識があるというもの。

この標識の意味が「幽霊注意」で、つまり青山霊園には幽霊が出るから気をつけろとドライバーに注意を促しているというのだが、これは眉唾だ。『！』は「この先行き止まり」などの文字標識とワンセットで設置される警戒標識だと聞いたことがある。また、私は青山霊園の近くに七年前から住んでいるが、そんな標識は一度も見たことがない。

正直言って、タクシーの話も標識の話も、どちらも怖くない。タクシーの方は手垢がつきすぎた感があり、標識の方は最初から事実誤認がある。

それでも青山霊園は、とある理由から、私にとっては少し恐ろしい所である。

霊園を突っ切る車道や遊歩道は問題ない。

怖いのは、ここにある墓石だ。このうちのどれかに障れば、あの子のように祟られるのではないか、と思ってしまうのだ。

二〇〇二年前後、FAプロというAVメーカーの作品に週に一回、出演していた時期があった。毎週水曜日、早朝、渋谷の集合場所から他の出演者たちと共にロケバスに乗り込んで撮影地に向かった。撮影は日帰りで、出演者は人数が多く、いつも似たような面子《メンツ》だった。女優だけでも七、八人はいた。

監督の方針で、出演者は心身共に健全で気立ての良い者ばかり揃えられているということだった。たしかに好人物ばかりだったと思う。移動中やスタジオでの待ち時間は和気あいあいとし、学校の遠足のようだった。

共演者の中に、まだ十八歳の美少女、美羽《みう》ちゃんがいた。

美羽ちゃんは出演者の中でいちばん年下で、物怖じしない明るい性格の持ち主だった。話を聞くとデビュー前はなかなかの非行少女だったようだが、ルックスは健康美に輝き、ころころとよく笑い、皆から可愛がられていた。

ところが夏のある日、珍しく美羽ちゃんが朝から暗かった。誰とも話をせず、独りで膝を抱えてうつむいてばかりいる。昼休み、とうとう誰かが、何か悩み事でもあるのかと訊ねた。

するとようやく美羽ちゃんは口を開いて、こう言った。

「私、死んだ人に祟られているかもしれないんです」

数日前の夜、同い年の女友だち二人と一緒に青山霊園に忍びこんで手持ち花火で遊んだのだという。青山で男性を交えて酒を飲んだ帰りがけのことで、思いつきでコンビニで缶チューハイと花火を買って行ったそうだ。墓地には誰もおらず、大騒ぎしても咎《とが》められることもなかったので、酔っぱらった不良娘三人は図に乗り、墓石に腰かけたり花入れの水に花火の消しカスを突っ込んだりと好き勝手なことをした。そのうち、とうとう墓石を倒した。墓石と一緒に卒塔婆《そとば》も倒れ、そのお墓は滅茶苦茶になってしまった。それでさすがに怖くなり、花火のゴミも空き缶もうっちゃって逃げてきたのだという。

「その帰り道に友だちの一人が行方不明になったんです。そして翌日にはもう一人の友だちが交通事故で死んじゃって……。次は私だと思って、神社でお祓《はら》いしてもらったの。だからまだ無事なんだと思います。でも、ずうっと何かに見張られてる気がして、どうしても怖くて」

美羽ちゃんの周りを囲むように集まっていた私たちは、口ぐちに彼女を励ました。友だちが行方不明になったり事故で亡くなったりしたのは不幸な偶然なのだから気に病むことはない、大丈夫だ、と。

そのうち誰かが「そのお墓に謝りに行かなくてはいけない」と彼女を諭した。

美羽ちゃんは困った顔をした。そして、こう言った。

「でも、あのお墓が青山霊園のどこにあるか、思い出せないんです。私、酔っぱらってたから」

そのとき、ショートパンツをはいてペタンコ座りした美羽ちゃんのつきたてのお餅みたいな太股に、ポタッと真っ赤な液体が落ちてきた。

美羽ちゃんと、私自身を含む彼女のそばにいた二、三人が悲鳴をあげた。

「大丈夫？」私は咄嗟《とっさ》に美羽ちゃんの顔を覗きこんだ。鼻血を出したのかと思ったのだ。でも、美羽ちゃんの鼻は出血していなかった。真っ青になって震えていたが、鼻も唇も汚れていない。

では、どこか怪我をしたのかというと、それも違った。美羽ちゃんだけでなく、周りにいた私たち全員、誰も怪我などしておらず、念のために確認しあったが生理中の者もいなかった。

美羽ちゃんは震えるばかりで自分でそれを拭くことが出来ず、代わりに私がティッシュペーパーを使って綺麗にしてあげた。

ティッシュに付着した赤い液体は、鼻を近づけるとぷんと金臭く、血液だとしか思えなかった。

天井から滴り落ちてきたのだろうか。しかし天井にはシミひとつ見当たらなかった。

私たちは次第に沈黙し、神妙な空気があたりに流れた。

そのうち美羽ちゃんは、体の震えが痙攣《けいれん》じみてきて、独りでは立つこともおぼつかなくなってしまった。これでは仕事にならない。タクシーが呼ばれ、スタッフが一人付き添って彼女の自宅に送り届けることになった。

スタッフに抱きかかえられて後部座席に寝かせられると、美羽ちゃんは激しく泣きじゃくり、見送りに出た私たちの方へ両手をいっぱいに伸ばした。

「私、死んじゃうの？　誰か助けて！」

翌週、美羽ちゃんは撮影に来なかった。代わりの女優を連れてきた彼女のマネージャーによると、あの日の夜、美羽ちゃんは、看病に来ていたマネージャーの目を盗んで台所へ行き、俎板《まないた》と包丁を使って、肉でも切るように左手の掌《てのひら》を切ってしまったのだそうだ。掌は上下真っ二つに分かれる寸前で、すぐに救急車を呼んだが、元通り繋がるかどうかわからないという話だった。

それから半年ぐらいして、美羽ちゃんはいったん復帰した。

久しぶりの美羽ちゃんは、別人のように面変わりしていた。げっそりと痩せ細って、十も二十も歳をとったように見えた。手の甲の皮一枚で繋がっていたという左手には重い障碍《しょうがい》が残り、精神状態も危ういようで独り言が多くなり、ほどなく引退することになった。

最後に会ったとき、美羽ちゃんはこんなことを言っていた。

「お墓で遊んじゃだめですね。切った手が今でも痛むけど、こんなになっても、まだ許されたって気がしないんです」

行方不明になった彼女の友だちは、未だに見つかっていないのだという。

殺人ラブホテル

豊島区北大塚

二〇〇一年の秋、私は『団地妻〜まり子三十三歳〜』というAVの撮影のために北大塚のラブホテルに来ていた。私の役どころは、わけあってSM風俗嬢になった人妻で、男性相手にサービスをする場面をそこで撮影することになっていた。

最初の怪異は、撮影直前、メイクルーム兼私の控室として使っていた客室で起きた。そのとき、部屋にはメイク係も居合わせた。化粧の前にシャワーを浴びるようにメイク係に勧められ、私が浴室に近づいたところ、中から水音がしはじめたのだ。

メイク係と私は顔を見合わせた。

私たちは、あえて部屋のドアに鍵を掛けていなかった。が、誰か入ってくれば気づくはずだと思われた。しかし、この状況は、誰かがこっそりやってきて、勝手にシャワーを浴びだしたのだと思うほかない。

失礼な話である。私は、共演するAV男優の田野さんを思い浮かべた。彼が悪ふざけしているに違いない。田野さんはひょうきんな男で、いかにもこんなことをやりそうなのだ。私を驚かそうとしているのだろう。

しかし、浴室のドアをノックしても返事はなく、「田野さん？」と声をかけても、ただシャワーの音が続いているばかり。

「もういい加減にして！」

ドアがロックされていないことを確かめると、私は勢いよく引き開けた。

途端に水音が止まった。

私は愕然として浴室内を見まわした。誰もいない。シャワーは止まっており、仄《ほの》かに白く、湯気だけが漂っている。

ただただ不思議だった。

やがて撮影が始まった。監督の意向で、田野さんとのカラミを長回しのワンカットで撮影することになっていた。ラブホテルのベッドで、注文の多いマゾヒストを言葉責めしつつ、あの手この手で満足させるという設定だ。セリフが多いうえプレイもややこしく、難しい場面だったが、幸い田野さんも私もうまくやり遂げることが出来たと思った、次の瞬間。

「ウグワァーッ‼」

男のものとも女のものともつかない、凄まじい叫び声が響き渡った。

田野さんと私は驚き、次いで二人とも腹を立てた。

　撮影中に大声を出すなんて、どこの馬鹿だ。今のカラミは会心の出来だったのに、これで台無しだ。またワンカットでフィニッシュまで撮り直しなんてことになったら、たまったもんじゃない。

　ところが監督は平然とカットを掛けた。私たちのように激怒して当然だというのに、怒るどころか、満面の笑みを浮かべている。

「いやぁ、いい演技だった。パーフェクト！」

　私と田野さんは二人で口ぐちに、監督と、それから周囲のスタッフに向かって、今の声が聞こえなかったのかと訊ねた。

　たった一人を除き、誰もそんな声は聞いていなかった。日頃から霊感があると自称しているＡＤだけが手を挙げて言うことには、「僕は聞きましたけど、あれはこの世のものじゃありませんよ」。

　私と田野さんは納得できなかった。それほど生々しい声だったのだ。そこで録画したビデオを再生してもらったのだが。

「あれ？　これは誰だ？」

　カラミを演じたベッドを見下ろす位置に、ガラス張りのロフトがあった。そのガラスに誰かがはりついて、こちらを覗いていた。照明が当たらない所なので暗くて姿が判然としないが、たしかに人影が立っている。

皆、一斉にロフトの方を見上げたが、すでに誰もおらず、また、全員がそこに登っていないと言い、誰かが登るのを見た者もなかった。

叫び声は録音されていなかった。

そして、先述の東村山市の松寿園での撮影中にどこかへ行ってしまったスタッフが、またしてもいつのまにか遁走していた。ちなみに彼は、このときも数日して監督の事務所に現れたが、前回と同じく失踪中の出来事をほぼ忘れていた。

あのラブホテルには何かある。そう考えた私は、のちに、ラブホテルの名前をインターネットで検索してみた。その結果、驚くべき事実が判明した。

『SMプレイ中の死？ 同宿の男「殺人」で追う／東京・豊島のラブホテル』

1988.10.09 読売新聞東京版朝刊

八日午後七時五十分ごろ、東京都豊島区北大塚●の●●の●「●●●●ホテル」六〇五号室で、若い女性がベッドの上に全裸のまま意識を失ってあお向けに倒れているのを従業員が見つけ一一〇番した。女性は救急車で文京区内の日本医科大付属病院に収容されたが、同八時四十五分、死亡した。巣鴨署の調べによると、この女性は目黒区中目黒●の●の●、SMクラブ所属●●●●さん(26)とみられ、首や手首にヒモで縛った跡があることから同署は首を絞めて殺害したとみて――

『風俗嬢連続殺人の山口　自供』

1988・11・08　中日新聞夕刊

東京・六本木の高級マンションに住むSMクラブ所属の女性（24）が八月中旬、自室に多額の現金と預金通帳を残したまま失跡した事件で警視庁捜査一課は、別のSM嬢殺害事件で逮捕した宇都宮市の印刷会社営業マン山口幸司（33）の自供に基づき（中略）山口は十月八日、東京都豊島区北大塚、●●●ホテル客室でSMクラブ所属の女性（26）＝目黒区中目黒＝が殺された事件で、同十九日、殺人容疑で逮捕され――

『ホテルの給水塔内に男性の死体　自殺か事故か／東京・豊島』

1991・12・23　読売新聞東京版朝刊

二十二日午前七時ごろ、東京都豊島区北大塚●の●の●の「●●●●ホテル」の屋上給水塔の中に死体が浮いているのを従業員が見つけた。警視庁巣鴨署によると、四十歳前後の男性で、身長一メートル六九、やせ形。水色のシャツに茶色のズボンをはいており、死後二日程度経過していた。外傷はなく水死とみられる。同署では自殺か事故とみて身元の確認を進め――

あそこは実際に起きたSM嬢連続殺人事件の舞台だったのだ。

はからずも、私たちは殺人事件を再現していたことになる。

ラブホテル名と住所の番地、及び被害者の氏名は私の自主判断で伏せ字にした。興味がある方は、ここに記しておいた内容から検証してみてもいいと思う。

なお、この稿を執筆した時点では、同ホテルはまだ営業を続けている。

母校の怪談

杉並区・女子美術大学付属高等学校

先日、「大学にまつわる怖い話」というオカルト系のまとめサイトで、母校の怪談話を見つけた。

「友だちがJ子美短大いってて寮に入ってたんだけど、妙に暗い感じの建物で、ほんとよく電気製品が壊れる。ラジオ聞いててヘンな音混ざるとかもう当たり前」「ある日友だち呼んで自室でお茶しながらカセットテープかけてたらいきなり凄い音がしてテープが溶けてた」「寮から見える校舎の屋上で学生運動がらみの焼身自殺があってどうこうっていう話も聞いたけど、スレ見たら都市伝説っぽい」

都市伝説だなんてとんでもない。

焼身自殺については、私が女子美術大学付属高校に在学中、杉並区のキャンパス内で実際に起きた事件である。当時は週刊誌でも報じられた。

学生運動がらみというのも誤りだ。絵画を専攻していた学部の四年生が卒業制作に行き詰まり悩んだあげく、当時「時計塔」と呼ばれていた校舎の屋上に昇り、そこで可燃性の液体をかぶったうえ、自分の体に火をつけた。キャンパスの周囲は古い住宅街で道が狭く、最終的には十四台も消防車が駆けつけたというが、消火されたときには遺体はすっかり炭化していたという。

先輩や同級生の中には、そのときたまたまキャンパスに居合わせて、人が燃える炎と煙や、その後の消火騒ぎなどを目撃してしまった者もあった。また、時計塔の屋上には、自殺の痕跡がいつまでも残っていた。

自分といくつも違わない若い女の体が、火に焼かれ、水泡が出来て弾け、皮膚が剝がれ落ち、赤い血肉が泡立って溶け、やがて真っ黒に炭化した、その痕跡が、ここにある人影のような黒ずんだ染みなのだ——。

そう思うと、今にも我とわが身を焼かれるようで、とてもではないが平然と眺めていられなかった。同級生の中には心霊写真を撮りに行った猛者《もさ》もいたが、私は、悪友たちと面白半分に見に行ったことすらたちまち後悔した。

屋上に幽霊が出るという噂《うわさ》は、焼身自殺事件の直後からあった。

女子校である。自分の体が焼けるような恐怖を覚えた生徒は、私だけではなかったのだ。しかも美術を学ぶ少女らには、神経が繊細な者が多い。お陰で、枯れ尾花的に幽霊を見る者が続出した。

さらにまた、自殺した生徒が屋上に残した油彩画の裏だか隅だかに書かれていた言葉が思わせぶりだった。

《そして扉は開かれた》

絵の題名だろうか。自らの肉体を生贄《いけにえ》に捧げて黄泉《よみ》の扉を開けたかのような不可思議な言葉で、私はそれを頭に置いて焼身自殺の跡を見たため、よけいに恐ろしく感じたのかもしれない。黒い人型の上に目には見えない通路が穿《うが》たれていて、あの世から召喚された何かがそこから這い出してきそうで。

その少し後、今度は寮で事件が起きた。

夏休み中に寮生の一人が自室内の金属製ロッカーに自ら閉じこもり、そのまま飢死してしまったのだ。休みが明ける直前に管理人が発見したときには遺体は腐乱して顔も崩れ、すぐには誰だかわからなかったという。

夏休み、皆が帰省するなか独り寮に残り、なぜロッカーに入ったのか。死ぬまでには、相当、飢えと渇きに苦しんだはずだ。事故なのか自殺なのかは不明である。殺人の可能性はないとされたが、あるいは本当は閉じ込められたのかもしれない。

とにかく彼女は息絶え、亡骸《なきがら》は静かにじわじわと腐っていった。人気《ひとけ》の無い寮の建物に充満してゆく腐敗臭。遺体発見時、ロッカーの戸は閉まっていたということだ。棺《ひつぎ》と化した鉄の箱を開けたときの、管理人の驚愕と恐怖はいかばかりか。

付属高校から短大にあがると、件《くだん》の寮に住む友人ができた。

彼女から聞いた怪談は、こんなものだった。

「死体が入ってたロッカーが部屋に戻ってきちゃったんだって。処分したはずなのに」「学校側は部屋をまた利用しようとしたんだけど、色々おかしなことが起こるから諦めて、その部屋は使用禁止にしてある」「トイレや廊下で死んだ子の幽霊を見た寮生が大勢いる」「ときどき、フッと、とても厭な臭いが、どこからともなく漂ってくる」

実際、遊びに行ったときには、問題の部屋はリフォームが済んでいるにもかかわらず空室になっていた。

これが、冒頭で紹介したまとめサイトにあった寮の怪談の大元だろう。

こちらは事件性は無いとされ、不幸な事故として内々で処理されたと聞く。

その当時、私の学校には他にもいくつか怪談があった。

「屋上から飛び降り自殺した生徒が、ときどき死の瞬間を再現する。校舎脇の桜の樹の梢が風もないのに揺れるのはそのため」とか、「蓼科《たてしな》の寮には、手首を切って死んだ子が今でも彷徨《さまよ》っている」とか。

怪談が生まれやすい環境だったのだ。長い歴史のある古い美術学校で、創作に悩んだあげくの自殺者は例の焼身自殺した生徒だけではなく、昔からときたま現れた。校舎は老朽化が激しく、私が在学した頃は閉鎖されて開かずの間のようになっている教室もあった。

しかし、見るからに古くて陰鬱な旧校舎ならともかく、新設されたまっさらなキャンパスにまでオバケ話がつきまとっているのは、どうしたわけか。

私が卒業した後にオープンした相模大野の新キャンパスにも、怪談があるのだ。

「相模原校舎建設工事に関係した人によると、元はあそこは森林地帯。森を切り開く時、白骨死体がよく出て、しばしば工事を中断したとのこと」「工事終盤の深夜、現場内で数多くの怪奇現象」「大学の南にある給水塔の下では、排ガス自殺をしたホトケ様にも遭遇」

相模原校舎のある場所は以前は富士の樹海のような場所で、地元では知られた心霊スポットだったという。

たまたまそんな土地を選んでしまうとは因果なことだ。とても良い学校なのだが。

蔵と白覆面

品川区上大崎・目黒川

江戸時代の処刑場といえば品川区南大井にあった鈴ヶ森刑場などが有名だが、今の目黒不動尊のあたりでも斬首が行われていたという怪しい噂《うわさ》がある。斬首された首なし死体を目黒川に落として、品川の河口から東京湾に流していたというのだ。目黒の御不動様といえば、江戸の頃にはすでに人気の観光スポットだったそうだから少し信じがたいのだが、そのため目黒川沿いには心霊現象がよく起こるとされている。

私が実際に知っている目黒の幽鬼は、白い布で顔を隠していた。

江戸時代の斬首刑を描いた図に、たまに、これから首を斬られる者の顔を白い布で覆っているものがある。あのようでもあり、志賀海神社の「磯良《いそら》」にも似ていた。

福岡県福岡市東区志賀島の志賀海神社というお社の御神幸祭で舞われる「磯良の舞」の主役、安曇《あずみの》磯良は古代の海神で、顔いちめんに蟲《むし》や貝や藻などが取りついた醜悪な風貌であるとされている。そのため、磯良の舞い手は、額の上部、髪の生え際のあたりにグルッと細い白帯を巻きつけて、そこから白い布を前に垂らして顔を隠すのだ。

布の長さは、顎の先が完全に隠れるぐらいで、目も鼻も口も隠れてしまう。目黒のその邸《やしき》の霊の顔も醜悪なのかどうかはわからないが、顔の隠し方は安曇磯良そっくりだった。しかし、例の噂から推せば、斬首前に白布で顔を隠されたとみる方が自然かもしれない。

さて、目黒川からほど近いとある邸に行ったときの話だ。目黒と言っても住所は品川区上大崎になる。目黒は変わった所で、そもそも目黒駅からして目黒区ではなく品川区にあるのだが、そんなことはさておいて——。

その邸で私は白い布で顔を隠した不思議なものを見てしまい、その後、同じく見たと言う仲間とお互いにやや興奮気味で会話していたところ、邸の主が声を聞きつけてやってきて、私たちをこう脅しつけた。

「おかしな噂を立てるな。場合によっては訴えてやる。無責任にへんなことを言うのが多くて本当に困ってるんだ」

今でも、あのときの邸の主のおっかない顔が思い浮かぶ。

そういうわけなので、そこに行った経緯や詳しい番地などは明かせない。しかし、どんな建物で、幽霊がどんな姿だったのかということぐらいは書いても構わないだろうと思う。

そこは今時、ましてや東京の都心部には珍しい、古い日本建築の邸だった。

大正時代に建てられた、保存状態が極めて良い建物だ。東京大空襲で目黒区の約三割が焼かれたというが、ここは難を逃れたのだろう。建て坪が百坪以上もある贅沢な平屋造り。外観も室内も、日本人ならば誰でも見れば郷愁を掻き立てられる風情だ。

門構えも庭も純和風で、たいへん立派で古めかしい。

素晴らしい邸だが、ただ一ヶ所だけ、風変わりなところがある。

家の中に、蔵があるのだ。

蔵と家がドッキングしていて、鋳鉄の箍《たが》をはめた重くて大きな両開きの扉が、まわりを取り囲む白壁ごと、一階の廊下の突き当たりの一方の壁についている。

白い布で顔を隠した「それ」が現れるのは、きまってその扉の正面だった。

薄暗い廊下の奥に、右を向いて正座している人影がある。

性別ははっきりしない。女だと言う人もいたが、私は男のような気がした。

身長一六五センチ弱の私とほぼ同じぐらいの体格で、胸が薄い。

経帷子《きようかたびら》のような白装束。そして顔を白い布で隠している。

黒髪を一本結びにして背に垂らして。

端然とした美しい座り姿で、布越しに土蔵の扉を凝視しているように思えるが、顔は見えないから、視線の行方は本当にはわからない。

目を閉じているのかもしれない。

近づくと、こちらを向く。

白い布の口もとのあたりが呼吸に合わせてゆっくりと前後に揺らめいている。

何か言っているのかもしれない。しかし声は聞こえない。

そしてフッと姿が薄れて、消えてしまう。

消えた後は、座っていたあたりがひどく暗く感じられる。白という色に、あたりを明るませる効果があるだけかもしれないが、いなくなったのちに、あれは仄《ほの》かに光るようだったな、と思う。

あの蔵が「内蔵《うちくら》」と呼ばれるものらしいと知ったのはつい最近のことだ。

江戸末期から大正時代にかけて秋田のあたりでは蓄財する商人が増え、裕福な商家の間では家を改築して母屋の奥に蔵を造るのが流行った。それが内蔵で、町家の奥に造られるため、通りからは蔵の存在がわからず、知るのは家族だけだったとか。調べてみたところ、東京にもかつては内蔵がある家があったようだ。秋田の方から移り住んだ人々が造ったものかもしれない。

あれは、きっと今も蔵の前にいるのだろう。白い覆面を息に揺らしながら。

連れて逝《ゆ》く人

鎌倉市大船

今から二十四年ぐらい前、大船のショッピングモールでの出来事だ。

年の瀬の午後、洋菓子店や和菓子店などが十店舗ほど集められたフロアの一角で、いつものように店のショーケースを磨いていると、ガラスに人影が映った。

客が来たかと思い慌てて振り向いたところ、二つ隣の店の鈴木さんで、私と目を合わせることなく、急ぐようすで自分の店の方に行ってしまった。

店の制服とエプロンを着け、髪をきちんと束ねた後ろ姿が、昼夜の別なく明るいショッピングモールの通路を去っていく。店内には、陽気なアップテンポにアレンジされた滝廉太郎の唱歌『お正月』が放送されていた。あの「お正月には凧《たこ》あげて」というお馴染みの歌だ。

――と、鈴木さんが行った方から小さな悲鳴があがった。

それで、私はようやっと、鈴木さんは三日前の晩に亡くなり、今日が葬儀の日だということを思い出した。

悲鳴をあげたのは、顔見知りの女性販売員だった。

彼女も鈴木さんが亡くなったことを知っていた。

鈴木さんは、食料品や贈答品の店が集まるこのフロアの販売員には多い子育て中の主婦であり、またベテランでもあったから、とても顔が広かった。

そのため、正式に知らせが回ったわけでも葬式に呼ばれるわけでもない他の店舗の販売員までもが、鈴木さんの突然の死について、亡くなった翌朝には耳にすることになった。

ようするに、彼女の死は「噂《うわさ》」として広まった。

たとえば私は、勤めていたケーキ屋の店長から聞いた。そして、聞いたことを、すぐに同じ店のアルバイトの子や隣の和菓子屋の子に、そっくりそのまま話した。

けれども、実のところ、私には、鈴木さんが死んだという実感は二日経っても薄かった。他の販売員たちも同様だったのではないか。

鈴木さんは、死んだ日も閉店時間まで、いつもどおり元気に働いていた。

帰宅途中に、路上で突然うずくまり、そのまま息絶えたという話だ。検死が行われたと聞いている。それで荼毘《だび》に付すのが遅くなったのだろうが、とにかく、とても唐突な死に方だった。

鈴木さんの幽霊が、初めのうちあまり怖がられなかったのは、たぶん誰も彼女が死んだような気がしていなかったせいだ。

彼女はその後もショッピングモールのあちこちで何度か目撃された。「死んだことを忘れてるのよ」「まだ生きてるつもりなんだ」「あのひと働き者だったから」

鈴木さんの幽霊を見た者が増えるに従い、皆、ますます怖さを薄れさせていった。まだ目撃していないことを悔しがり「私もまた会いたい」と言う者まで現れた。

鈴木さんは、頭のてっぺんから爪先まで生前通りの格好で忽然と現れ、消えるときもスイッチを切るようにふっつりと消えた。影が薄いわけでもなく、むしろ元気そうな姿で血色も良い。

きっと死んだことに気づいていないに違いない、気の毒だ、可哀想だ。そう同情する声もあった。

鈴木さんの初七日の日。朝から出てきてくれることを皆で期待していたのだが、どういうわけかその日に限って現れなかった。

とうとう閉館する時間になり、私も帰ることになった。閉館後の後片づけをしたので、夜の十時頃だったと思う。ショッピングモールの従業員口から暗くて寒い外に出ると、三メートルほど前を鈴木さんが歩いていた。

声を掛けて追いつこうかと一瞬思ったが、鈴木さんのさらに五、六メートル前方に知っている人が歩いているのに気がつき、私は声を呑み込んだ。

鈴木さんと同年輩のパートタイマーで、同じ年頃の子供がいるせいか、とりわけ彼女と親しくしていた女性、山田さんが鈴木さんの前を歩いていた。

鈴木さんは、山田さんの背中にじっと視線を据えているように見えた。

しかも、少しずつ距離を縮めていっている。だんだん追いつきつつあるのだ。

このとき初めて、私は鈴木さんが怖くなった。

山田さんに「つけられてますよ」と知らせるべきだろうか？

そういえば山田さんは、なぜか鈴木さんの幽霊をまだ見ていないとこぼしていたっけ……。

「いちばん仲良しだったのに、どうして私のとこだけ出てこないのかしら」

今、出てますよ。そう教えてあげるべきか。

私は迷い、結局、「山田さんをつける鈴木さん」というものが怖くて関わり合いになりたくなく、彼女たちに背中を向けて逆方向に歩きだしてしまったのだった。

遠回りして帰る道すがら、胸の中がずっとモヤモヤしていた。

それから間もなく、山田さんは死んだ。

いつも乗るバスの車内で倒れて、そのまま息を引き取ったのだという。

「鈴木さんが仲の良い山田さんを連れていった」

そういう噂がたちまち立ったが、出所は私ではない。

私はあのとき見た鈴木さんの真っ直ぐな背筋、一心に山田さんを見つめているようすなどを繰り返し思い出していた。そして、あらためてぶりかえした恐怖と、山田さんに声を掛けなかった後悔とに押しつぶされそうになっており、そんな軽々しい噂を立てるような心持ちではなかった。

しかし、そのうち誰も鈴木さんのことを話さなくなった。誰かがうかつにも鈴木さんの話をしはじめようものなら、寄ってたかって「しっ。噂をすると迎えにくるよ」と注意して、言わせないようにする。皆が鈴木さんの霊はたいへん恐ろしいものだと思うようになったのだ。なにしろ、親しい友の山田さんを連れていった実績があるわけだから。


正月が終わり、バレンタインデーが過ぎ、寒さもだいぶゆるんだ頃になって、またしても同じフロアの女性販売員、木村さんが倒れた。

「怖い。また鈴木さんが?」「こんどは山田さんが来たのかも……」「あのひと山田さんと家が近くてよく一緒に帰ってたのよ」

私たちはひそひそと囁きあったけれど、木村さんは幸い一命を取り留め、やがて職場に復帰してきた。

「山田さんが夢に出てきて、『誕生日だから自分で自分にプレゼントを買ったのよ』って言ったのよ」

戻ってくるなり、開口一番そんな話をして、木村さんは遠い目をした。

そうだった。たしかにあの最期の日、山田さんは休憩時間に「自分で自分にプレゼント」を買っていた。暖かそうな厚地のカーディガンで、バックヤードで皆に見せていた。

鈴木さんにつけられていたとき、山田さんの手にはブティックの袋が提げられていたっけ。

あれはバースデー・プレゼントだったのだ。

「山田さんみたいに、私もこんどの誕生日には自分で何か買おうと思ったら、目が覚めたの」

どこかまだ夢見心地のような茫洋とした表情で語る生還者を、私たちは口ぐちに祝福したけれど、私は後ろめたさが拭えなかった。

声を、掛けるべきだった。

あのとき、山田さんか鈴木さん、どちらにでもいいから。でも、本当に本当に怖かったから……。

一度失敗したら懲《こ》りたのか、鈴木さんはもう出てこなくなった。

その代わり、私が働いていたケーキ屋に、おかしな電話が日に三回も四回もかかってくるようになった。

電話に出ても誰も応えず、受話器の向こうでオルゴールの『エリーゼのために』が延々と流れているだけなのだ。

意味不明の怪電話で、たぶんただの悪戯《いたずら》だろうが、鈴木さんや山田さんのことがあったので、なんのことはない曲でも彼岸から聴こえてくるように感じられたものだ。

しばらくの間、私たちは電話に出る役を押しつけあった。

が、電話は次第に間遠になり、数週間もするとピタリと止んだ。

二十四歳の頃の出来事だ。

開かずの邸《やしき》

港区西麻布

開かずの間。禁忌などの理由で、ふだんは開けることを禁じられている部屋のことだが、これが次第に増えてゆく邸があった。

西麻布の閑静な住宅街の只中に建つ一戸建てで、地上三階、地下一階。緑が豊かな庭付きで、白い外壁が瀟洒《しょうしゃ》な印象を残す。複数ある寝室。広い食堂とリビング。トイレと浴室は二つ以上あり、台所の設備も完璧に整っている。

部屋数や間取りから、子供のいる家庭のために設計されたとみるのが自然だろう。裕福な家族が幸せに暮らす、立派な邸宅。昔はそうだったのではないか。

その証拠に、三階にある寝室のクローゼットに、双子と思われるそっくりな顔立ちをした十歳前後の二人の少女を描いた油彩画がしまいこまれていた。昭和の中頃までは、経済的に余裕のある家庭で家族の肖像画を描かせるのは珍しくもないことだった。内装や外観のデザインから、この邸が昭和時代に建てられたことは推測できた。私が初めて訪れた十四、五年前には、すでに相応に古びていた。

どうしてその邸から一家が去ってしまったのかはわからない。

二〇〇〇年頃からつい最近まで、そこは撮影用のハウスタジオになっていた。

そして、幽霊が出ると噂《うわさ》されていた。

噂の発信元は、撮影で行ったことのあるAV女優や男優、ADや監督などのスタッフで、曰く、

「三階の浴室で中年男性の首吊り死体を見た」「双子の女の子が家の中を歩きまわっている」「誰もいないはずの地下室で物音がする」――。

初めて訪れたとき私は噂の地下室を控室としてあてがわれた。

一見して、おかしな部屋だった。邸の他の部屋はどれも、これは夫婦の寝室、これは子供部屋……と見当がついた。そんな中で、この地下室だけは使い道が不明であり、異質な空気を放っていたのだ。

窓が無い部屋である。よく地下でも天井の近くに明かり取りの窓がついていたりするが、ここには無く、四方を壁に囲まれている。

一方の壁にドアとシャワールームがついていて、ドアには外から鍵が掛けられるようになっていた。

つまり、鍵を掛けて誰かを閉じ込めることができるわけだ。シャワールームで用を足させて、食事さえ差し入れれば、何日間でも何年間でも、人を監禁することが可能

だろう。

そのことに気づいたときは、ちょっとゾッとした。

独りで、部屋の中に置かれた唯一の家具であるシングルサイズのベッドに腰掛けて、誰かが呼びにくるのを私は待った。

やがてドアがノックされた。

ハイと返事をすると、部屋の外から聞き覚えのある声がした。

「川奈さん、ちょっといいですか?」

ADだとわかったので、ベッドに座ったまま、「どうぞ」と私は答えた。

ところがADはすぐには入ってこなかった。ドアノブを回そうとして何度かガチャガチャと音を立てたのち、ひと呼吸の間をあけてようやくドアを開いた。

彼の呆然とした顔と開ける直前の物音から、私は何者かが外から鍵を掛けていたことに気がついた。

そのときはそれだけだった。不気味ではあったが、些細な出来事だ。

一年ほどのちに邸を訪れたときは、地下室が撮影に使われた。室内に入ると、シャワールームのドアに「使用不可」の貼り紙がされていることに気づいた。どうなっているのかと中を覗いてみたところ、洗い場の隅に盛り塩が置かれていた。

これが第一の開かずの間だ。

次に閉め切られたのは地下室そのものだった。

二〇〇二年の夏、ちょうどお盆の頃だった。その日、邸に到着して間もなく、私と共演することになっていたAV女優の由加里さんが邸内を探検しに行ったと思ったら、すぐに真っ赤を通り越して青ざめるほど激怒して戻ってきた。

「地下室に裸の男優が三十人ぐらい押し込められていた」

台本には男たちが大勢登場する場面はない。よって、監督が私たちを騙して何かよからぬことを企んでいるに違いない、と彼女は推理したのだ。

それを聞いて私も怖くなり、急いでマネージャーに電話を掛けて報告し、出演中止にしてもらった。由加里さんも同様にして、その後、それぞれのマネージャーが迎えに来るまでの間、私と二人して監督に抗議して、散々やりこめたのだが――。

監督は由加里さんから地下室のことで詰問されたとたん、ガタガタ震えだしたのだった。

そしてなぜかバカ正直に、私や由加里さんの所属事務所やメーカーに許可を得ているものとは別に、違法な猥褻《わいせつ》ビデオを撮影しようとしていたことをその場で白状した。

私と由加里さんは唖然とした。今言ったようなことが露見したら、この監督はただでは済まない。仕事を干されたりメーカーから違約金を取られるだけではなく、下手をすればコワモテ揃いで知られる私や由加里さんの所属事務所にシメられた揚句、詐欺で訴えられるだろう。

「でも、俺は本当に誰も呼んでないんだ！　それだけは信じてくれ！」

もうそんな問題ではないと私は思ったが、監督は地下室に裸の男たちがいたかどうかという点だけに、なぜか頑固にこだわった。

また、同じく由加里さんも一歩も譲らなかった。

「絶対ウソ！　だって私ドアを開けて見たんだから！」

つまらないことで意地を張り合う二人に私は呆れたが、どちらを信じたかというと由加里さんの方だった。

なぜなら、私自身も、彼女から話を聞いた直後に、階段の上から地下のようすをうかがって、大勢の人間がガヤガヤしている声や物音を確認していたのだ。

さらに、この監督はメーカーや私たちを騙そうとしただけでなく前々からアルコール依存症の噂があり、その日も朝から強い酒を飲んでいた。そんな人間が言うことなど、一ミリも信用できない。

やがて邸に到着した私と由加里さんのマネージャーたちも同意見で、彼らは男優たちを帰らせるために、地下室へ下りていった。

しかし、そこはもぬけの殻だったのだという。

「どうやら、全員帰ったようですね」

「こっそり出ていきやがったな」

監督は、マネージャーたちにすがりついてわめいた。

「違う！　最初から誰もいないんだ！　地下室は使用禁止なんだから。お願いだよ。もう帰らせてくれよぉ」

マネージャーたちは露骨に顔をそむけて、彼を床に突き飛ばした。

「酒臭い！　あんた頭がおかしいんじゃないか？」

男優たちはいつのまにかコソコソと帰っていったのだと、そのとき監督以外の誰もが納得した。

しかし今回、この稿を書くにあたり、あの邸についてあらためて調べてみたところ、あそこを管理・運営していたスタジオ会社は二〇〇二年の撮影時点で、すでに例の地下室を閉鎖していたことがわかった。

つまり監督が言ったことが正しかったのだ。

また、つぶさに記憶を蘇らせるうち、問題の地下室はせいぜい八畳ぐらいの広さしかなかったことを思い出した。もしかするとさらに狭く、六畳程度だったかもしれない。

六〜八畳のスペースに、男性を三十人も詰め込めるものだろうか？

万が一、物理的に可能だとしても、そんなふうに出演待機させるというのは、ちょっとありえないことだ。

また、そんな大勢の男たちがゾロゾロ帰っていったとしたら、いくらなんでも誰か気がつくのではあるまいか。

広い邸だとはいえ、出入り口は玄関と勝手口の二ヶ所だけで、どちらも開け閉めしたら音がするはずだ。

裸の男たちが、立錐の余地もなくギチギチと、窓の無い地下室に詰め込まれている図を私は想像した。

思えば、あのとき由加里さんも、妙に強く「見た、見た」と主張していた。彼女は地下で異様な光景を見たのだろう。だからあんなに強く言い張ったのに違いない。

実際そうだったか否かはともかくとして、人ならぬ者たちを見てしまったと思うのが恐ろしかったから。

シャワールーム。地下室。次には、地下へ下りる階段も閉じられた。

それを教えてくれたのは夫である。一年余り前のことだが、彼はＡＶ監督としてあの邸でロケをしたのだ。

「女優さんが霊感のある子で、双子の幽霊が見えると言って怖がってたよ。クローゼットにある油絵の女の子たちが、そこらへんを歩きまわってるって。それと、地下へ下りる階段が封鎖されて、地下室が使えないようになっていて驚いた」

――こうして、あの邸の開かずの空間は少しずつ増えていった。

ちなみに、現在、スタジオ管理会社のサイトのこの邸のページには、大きく赤い文字で「クローズしました」と書かれている。

邸は、ついにまるごと封印されてしまったのだ。

その肌、ちょうだい。

新宿区〜杉並区〜台東区鶯谷

十年近く前のことだ。

新宿で、デパートのトイレに行ったついでに鏡の前で髪を整えていたら、隣の洗面台で手を洗っていた人が、いきなり話しかけてきた。

「お肌が綺麗ですね」

最初にことわっておくが、私はそれほど肌が綺麗な方ではない。肌理《きめ》が細かいわけでも色白なわけでもなく、強いて言えば吹出物が無いことが取り柄ぐらいのものである。

「いえ、普通ですよ」

女性は、まばたきもせずに、じいっと私の顔を見つめたまま、首を横に振った。

「ううん。とっても綺麗。羨ましい」

彼女は異様に厚化粧で、肌を真っ白に塗っていた。化粧の下の肌が、一面、吹出物に覆われていることに、そのとき気づいた。

「私も、あなたみたいな肌が欲しい」

途端に私は、高校生の頃のある出来事を思い出した。

通っていた女子高に、顔立ちはとても整っているのだけれど、ニキビの目立つ一学年上の先輩がいた。仮に佐藤さんとしておく。

思春期の少女にニキビが出来ることは珍しくもなんともない。けれども少し重症だったせいもあり、佐藤さんはたいへん気にしていたようで、いつもファンデーションを厚塗りして素肌を隠していた。

当時、私たちの学校には化粧をしている子がほとんどいなかった。そのため皮肉なことに佐藤さんの肌はかえって注目を集めた。「ニキビの先輩」として後輩たちにまで知られる結果になり、「塗り壁」という心無い渾名《あだな》で呼ぶ者まで現れた。

高一の三学期の終わり頃、部活の途中でトイレに立つと、鏡の前に佐藤さんがいて、化粧を直していた。

鼻先が鏡につくほど顔を前に突き出し、スポンジでぐいぐいとファンデーションを頬に塗り込んでいる。

私は見てはいけないものを見てしまったと思い、そそくさと個室に入った。

用を足して出ると、まだ佐藤さんは同じ場所で化粧の続きをしていた。

目を合わさないようにして手を洗い、立ち去ろうとしたそのとき。

「ねえ。その肌、ちょうだい」

一瞬、意味が理解できなかった。そもそも、私に向かって発せられたのかどうか。

私はあたりを見回した。

けれども、トイレには佐藤さんと私しかいない。

仕方なく振り向くと、佐藤さんは大きく目を見開いてこちらを向いていた。

「あなた一年の子でしょ？　いいな。その肌」

「いえ、そんな……」

「触ってもいい？」

「えっ」

佐藤さんは私に近づき、手を伸ばしてきた。

黒々とした瞳が間近に迫る。

近すぎる。

ひどく荒れた、佐藤さんの肌も。凸凹した夏蜜柑《なつみかん》の皮のような表面のところどころが破れ、黄色い汁が滲んでいる。膿《うみ》と化粧品が入り混じった、厭な臭いも漂ってきた。

私は思わず顔をそむけた。

するとと、佐藤さんの冷たい指先が私の頬に触れた。

そして「ほぉっ」と彼女は溜め息をついた。

「私っ、部活に戻らないといけないのでっ！　失礼します！」

私は飛び上がって、逃げ出した。

細い声が追い掛けてきて背中に纏《まと》わりついてきた。

「……いいなぁ」

デパートの女子トイレで、あのときのように再び私は見つめられている。

舐めるような視線を私の肌に這わせている女の顔は、まんべんなく吹出物に覆われて、真っ白に塗りつぶされている。

ふと、誰かに似ていると思った。

佐藤さんではない。

ＡＶ女優だった頃、共演した女の子にも、こういう肌の子がいた。

とても可愛い顔立ちだった。造作が完璧だっただけに、吹出物が目についた。

私より五つぐらい若かったから、当時、二十七、八歳だったろう。

「川奈さんは、どうして肌が綺麗なの？」

「全然、綺麗じゃないよ」

「でも一つもブツブツが出来てませんよね」

「それはたぶん、撮影のとき以外、お化粧しないからじゃないかしら？」

恨めしそうな眼差しと沈黙に、私はどう応えたのか。もう思い出せない。彼女の顔を見て、化粧で隠したくなるような肌だと思っていたくせに、素顔でいろとは、なんと傲慢で無神経な——と、今わかっても手遅れだ。

彼女は、鶯谷《うぐいすだに》駅で電車に飛び込んだと聞いている。

私と共演してから三年ほど後のことだ。AVから引退し、デビュー前に勤めていた性風俗店に再入店しようとしてすげなく断られ、その直後に自殺してしまったのだという。

なぜ雇ってもらえなかったのかはわからない。年齢のせいかもしれない。その頃、裸商売の世界では、もう若いとは言えなくなっていたはずだから。

それとも、やはり肌が、いけなかったのか。

私のように自覚なしに彼女の心を傷つけた者が大勢いたことだろう。

肌のせいで自死したのでないことを祈る。肌のせいだとしたら、私もホームから彼女を突き落とした多くの手のうちのひとつだということになってしまう。

殺すつもりはなかったと言っても、もう遅い。

——この人は、よく見ればあの子に瓜二つだ。

厚塗りの女性は、いつの間にか私のすぐそばまで近づいてきていた。手を伸ばせば、私の顔に触れるくらい。

あの日の佐藤さんのように。

まだ憶えている。頬に触れた指先が、氷のように冷たかったこと。

私は焦った。

「私なんてダメですよ。ちゃんとお手入れしてる人は、もっと綺麗でしょう」

「私もお手入れしてるんですよ！」

突然の怒りに触れ、私は後悔した。

――うかつだった。また失敗してしまった。傷つけるつもりはなかったのに。

「何をしても良くならないの。だから……」

言葉が終わらないうちに、私は走ってその場から逃げ出した。

彼女が、言うのではないかと思ったのだ。

佐藤さんのように。電車に飛び込んだ元AV女優のように。あの子だってそう言いたかったに決まっている。皮膚を剝がさんばかりの眼差しを忘れられるものではない。

女たちが私の肌を奪おうとしている。そんな妄想に私は怯えた。

デパートの通路を闇雲に逃げる私を、記憶の中の声が追い駆けてきた。

「その肌、ちょうだい」

リフォームの跡

練馬区

金井さんは、私の行きつけのネイルサロンのネイリストだ。ハキハキした、それでいて角が円い感じのする喋り方が好印象な美人で、歳は聞いたことがないが、たぶん二十代半ばだろう。四、五年前から最低でも月に一度は爪をいじってもらっている。初めて会ったときはずいぶん幼い感じがし、技術的にもいまひとつだったが、みるみる腕を上げ、今や有名なテレビタレントからも指名がかかる名人になった。

彼女はプライベートなことを話すにはもってこいの相手だ。気心は知れているし、店の人間と馴染み客という、近すぎない距離感がちょうどいい。そう思っていたら金井さんも同じ気持ちだったとみえて、つい先日、こんな話を打ち明けてくれた。

金井さんには数年前から交際している拓実《たくみ》さんという恋人がいて、先頃、結婚を視野に入れて彼と同棲することになった。

それぞれアパートを引き払い、マンションを借りて一緒に住むのだ。入籍後もしばらく暮らせるような住まいが理想的だと二人は考え、休日ごとに不動産屋めぐりをしはじめた。

金井さんが働くネイルサロンは麻布十番にあり、彼が勤めている会社は新宿にあった。中間を取るなら青山あたりということになるが、家賃が高すぎて若い二人には手が出せない。

そこで、新宿と麻布十番のどちらも停まる大江戸線沿線で探しだし、三週間かけて、練馬駅の近くによさそうな物件を見つけた。

六十平米近くある二LDKで、広さも充分だった。

問題は家賃だ。不動産屋で見てきた感じだと、この辺で同じぐらいの床面積の賃貸住宅は、普通、月十三、四万はするようだった。

ところが、この部屋は破格の八万円だった。割り勘で四万円ずつ。金井さんは五万円、拓実さんは七万円の家賃のアパートに住んでいたから、負担が軽くなり、これなら将来にそなえて貯金も出来る。築四十五年だというが、その他の条件が素晴らしいので、多少ボロくても全然構わない。

すぐに不動産屋に内覧を申し込み、連れていってもらった。

すると内装はリフォームされており、意外にも、たいへん綺麗だった。こんな物件は他には無い。これを逃してはならないと、金井さんたちは焦り、各部屋をじっくり点検することなく、急いで契約を決めてしまったのだそうだ。

浴室の壁に奇妙なものがあるのに気づいたのは、引っ越し当日のことだった。浴室のドアは内開きで、開けるとちょうど戸の陰になる壁面に、一センチ幅ぐらいのプラスチックで出来た四角い枠が嵌《はま》っていたのだ。それも、かなりの大きさの。金井さんがたまたまポケットに入れておいた巻尺で測ってみたら、横七十五センチ、縦八十センチもあった。

測っていて、ドアに近い方の一辺に取っ手が付いていることにも気がついた。台所の床下収納庫などによく見られる半回転取っ手で、片方の端を押すとクルリと回って半円形の引き手が出てきた。

内覧をおろそかにしたことを悔やみながら、拓実さんを呼んで見てもらったところ、彼は枠の中や周辺の壁を叩いて音を確かめて、内部が空洞になってるようだと指摘した。

「何か、物をしまえるようになってるのかもしれない」

金井さんは首をひねった。普通、浴室にそんな物置きみたいなものを造るだろうか。中にしまった物が湿気でカビてしまいそうだ。不審に思ったが、拓実さんは迷わず扉を開けようとした。

最初はうまくいかなかった。しかし、思い切って強く取っ手を引いてみたところ、ガクンッと扉全体が外に少し引っ張り出されて、取っ手があるのとは反対側の内側に蝶番《ちょうつがい》が付いていることがわかった。そこからは、あっさり開いた。

金井さんは息を呑んだ。扉の内部の空間が予想以上に広かったのだ。コンクリート打ちっぱなしの簡素な四角いスペースなのだが、屈《かが》めば、成人男性でも優に入れるぐらい奥行きがある。

さっそく拓実さんが、そこに入った。

彼はそのとき金井さんにこう言ったそうだ。

「閉めるなよ。外から閉められたら、中からは簡単には開けられないから、絶対に閉めるなよ」

なぜこんなものを作ったのか、金井さんは疑問に思った。扉の仕組みが凝っている割には、中はコンクリートが剝き出しで、排水ができるようにもなっていない。シャワーの水が入ったら、乾かすのも大変そうだ。

わけがわからず不気味に感じはじめた矢先、拓実さんが、よりによって「死体を隠してたんだったりして」などと冗談を言ったものだから、金井さんは本気で怖くなってしまった。

そして、この部屋を仲介してくれた不動産屋に問い合わせて、これはいったい何なのかと訊ね、出来ることなら工事して塞いでほしいとお願いした。

不動産屋は、そこは古い建物なので、壁にリフォーム以前の構造物の跡が残っているのはよくあることだと金井さんに話した。

「リフォームしたのは大家さんなんです。でも、うちで最後に部屋を点検したとき、そんなものあったかなぁ……。しかし気づかなかったのはこちらのミスですから、さっそく手配します。まずは大家さんの許可を取りましょう」

ちなみに、私のうちも賃貸マンションで大家の許可がなければ工事などはできない。それに、うちにも謎の扉がある。場所は寝室の隅で、猫ならあるいは出入り出来るかもしれないほどのごく小さなものだから、あまり気にしていないが。

私がそんな話をすると、金井さんは弱々しく笑った。

「彼と同じですね」

拓実さんは「塞がなくてもいい」と言ったのである。

「有効利用しよう。スノコを敷いて、四隅に乾燥材を置いて、シャンプーや石鹼のストックをしまっておけばいい」

けれども、金井さんはどうしても厭だった。

不動産屋からとりあえず浴室を見せてほしいと言われ、日取りを決めたのだが、あえて拓実さんが仕事で家にいられない日を指定した。金井さんは、不動産屋が来たら、これを塞いでほしいとあらためて訴えるつもりだった。

ところが当日、不動産屋は事前の連絡なしに大家を伴ってきて、大家は金井さんに「ここはこのままにしておいてくれないか」と真剣な顔で迫ったのだった。

大家は八十歳ぐらいの男性で、この老人と金井さんは初対面ではなかった。

彼は部屋の内覧に立ち会って、新築でこのマンションの部屋を買って家族と住んでいたことや、家族を全員亡くしたので辛くて住んでいられなくなり、貸しに出したことなどを金井さんたちに話していた。

そのとき、老人は拓実さんを見て「うちの息子と同じくらいだ」と言ったのだという。

これには金井さんは違和感を覚えていた。拓実さんは二十七歳で、彼の子供にしては若すぎる。歳をとってからの子供という可能性もあるが、だとしても、「同じくらいだ」という言葉は奇妙だ。

大家の息子は亡くなっているのだから。

亡くなる直前の頃の彼の息子と拓実さんが、ちょうど同じぐらいの年格好だという意味だろうか。

浴室の空間を見て、拓実さんは「死体を隠してたんだったりして」と冗談を言ったそうだが、大家がかつてそこに息子の亡骸《なきがら》を塗り込めていたのだとしたら。息子は何十年か前に死んでいて、父親によって、ポーの『黒猫』に出てくる殺された妻のように壁の中に隠されたのである。

秘密を共有していた他の家族——たぶん妻だろう——も死に、大家は部屋をリフォームした。その際、浴室の壁に隠していた死体を取り出し、何らかの思惑から、壁にあいた穴を埋めることはしなかった。

すなわち、死体があった空間が、現在あるスペースとなる。

金井さんの話から、私はそんなふうに想像した。

大家には逆らえず、金井さんは浴室の空間を塞ぐことをあきらめた。

しかし、これは本当に辛いことだった。

壁にある空間そのものが厭なのはもちろんだが、それだけでなく、そこから妙な音が聞こえてくることに気づいてしまったのだ。

どこにも隙間などなさそうなのに、扉の中から時折、風が鳴るような音が、ヒューッヒューッと漏れ出てくる。

これについても拓実さんは気にするなと言ったそうだが、金井さんには耐えがたく、音楽を聴きながらでなければ入浴できなくなった。そうやって用心していても、浴室を掃除するときなどに、うっかり曲をかけ忘れると、ヒューッと聞こえてしまう。

「たまらなかった」と金井さんは言う。

厭なことは他にもあった。

拓実さんのようすがおかしくなってきたのだ。

その頃、金井さんは、近く出場するネイリストの技能大会の準備のため、毎晩毎晩遅くまで閉店後の店に残って練習していた。帰宅すると拓実さんはすでに眠っていることが多かった。

けれども、その夜はいつもより少し帰りが早かった。拓実さんはまだ起きているだろう。そう思った金井さんは玄関から「ただいま」と部屋の奥に声を掛けた。

すると、拓実さんが「おかえり」と応えたのだが、その声がやけに遠い。

どこにいるのかと、金井さんは彼の姿を探したが寝室にもリビングにもいない。浴室へ行ってみると、あの扉が薄く開いていて、隙間から「おかえりぃ」と拓実さんの声がした。扉を開けてみたら、コンクリートの箱の中でうずくまっていた。

「試しに入ってみたら、案外、居心地がよかった」

言い訳のつもりか、そんなことを笑顔で言う。金井さんは、この人はいつからここに入るようになったのだろうと思って、気味が悪くなった。

――今夜が初めてではなく、もっと前から入っていたのでは。

それ以降、金井さんは拓実さんの行動を注意して見るようになった。ほとんど毎日入っているようだとわかり、もしかすると、引っ越してきた日からずっとなのかもしれないと思うようになった。

初めて扉に気づいた日にはここを有効利用しようと提案した拓実さんだが、その後実際に金井さんが物を入れようとしたら「ダメだ」と言って邪魔をしたのだ。

そしてとうとう、こんなことが起きた。つい四日前のことだそうだ。

金井さんは急な用で店に居残りすることになった。そこで帰りがだいぶ遅くなると拓実さんに知らせようとしたのだが、拓実さんへ送ったLINEは未読のままで、Eメールを送っても返信を寄越さず、電話にも出ない。

向こうも仕事が忙しいのだろう。金井さんは連絡を取ることをあきらめた。

そして深夜に帰宅したところ、拓実さんがまたあの中にうずくまっていたのだった。

拓実さんは、扉を開けた金井さんを見上げてヘラヘラと笑った。その顔を見た瞬間、金井さんは頭に血がのぼり、

「そんなにそこが好きなら朝まで入ってたらっ！」

と怒鳴って、衝動的に扉を閉めた。そして、すぐに拓実さんが焦って開けろ開けろと騒ぎだすことを期待した。

けれども、扉は閉まったきりシーンとしている。

金井さんは拓実さんに根負けしたと思い、「ふざけないで」と言いながら扉を開けた。

ところが、拓実さんの姿はそこには無かった。

金井さんは混乱した。そして、たぶん自分の頭がおかしくなり、拓実さんがまたそこに入っていたという幻覚を見たのだろうと結論づけた。心身ともに疲れていたし、それに、ヒューッという音など色んなことに怯えていたから、そのせいで一時的に変になってしまったのだ、と。

そうなると拓実さんはまだ帰宅していないということになる。金井さんは今すぐ彼の声が聞きたくなり、スマホに電話した。

拓実さんは電話に出た。金井さんは安堵のあまり立っていられなくなるほどだったのだが……。

「おまえがそんなことをするとは思わなかった」

と、いきなり彼は電話の向こうから怒りをぶつけてきたのだった。

「扉を閉めるなって言っただろう?」

しかし拓実さんはここにいないのだ。金井さんは再び混乱しそうになり、慌てて
「今どこにいるの?」と訊ねた。

彼はその問いには答えず、こう言った。

「同じことをしてやるから、おまえも入れ。入って待っとけ」

「それで……入ったの？」

私がそう訊ねると、金井さんはゆっくりと首を横に振った。

「入りませんでした。恐いから。彼は、私がその中に入るまで帰らないと言って、電話を切りました」

拓実さんはその夜からこれまで毎日、日に何度も金井さんに電話を掛けてきて、「そろそろ入ったか」とか「いい加減、中に入れ」とか言ってくるのだそうだ。

しかし金井さんは、とてもではないが、あそこに入る気にはなれなかった。

もしかしたら彼は死んでいるのではないか。黄泉《よみ》の国から電話を掛けてきているのでは。あれに入ったら自分も死んでしまうかもしれない——そんな想像に怯えたのだ。

だがしかし、何度か電話を受けるうち、拓実さんの声が不機嫌なときの彼の声そのもので、別に死んでいるようではないと気がついた。生きているなら、どこにいるのか。せめて居所だけでも把握しておきたかった。

そこで昨日、金井さんは思い切って彼の会社に電話を掛けてみた。

すると、拓実さんがちゃんと出勤していることがわかった。

着替えなどは全部マンションに置きっぱなしで、金井さんの留守中に部屋に入った形跡もない。ということは、おそらく実家に帰ったのだろう。彼の実家は神奈川県で、新宿にある会社に通勤できないほど遠いわけではない。

金井さんは、拓実さんの実家の電話番号をスマホに登録していなかった。

もちろん、家のどこかに住所と一緒に電話番号を書いたものはある。それはわかっていたが、もしも拓実さんが実家にも帰っていないとわかってしまったら……。そう思うと、拓実さんの実家に電話することはためらわれた。

「彼は実家にいるのかもって思うことが、今の私には唯一の救いだから」

昨日、会社に電話を掛けたとき、拓実さんは仕事から手が離せず電話口に出られなかった。同僚の男性に彼のようすを訊いたところ、普通にしているとのことだった。

「今日も、彼は帰ってこないと思います。私が、あそこに入らないかぎり戻ってこないつもりなんですよ、きっと。ねえ、私どうしたらいいと思います？」

私は返事に窮した。

会社に押し掛けてしまえばいいとも思ったが、そんなことはとっくに金井さんも考えたに違いない。拓実さんが尋常ではない命令ばかりしてくるうちは、直接会うのも恐ろしいのだろう。いずれ覚悟を決めて行かざるをえないと判断するのだろうが、今はまだ逡巡の中にいるのだ。

そのとき、金井さんのスマホが鳴動した。

彼女は液晶画面を一瞥《いちべつ》して、眉間に皺を寄せた。

「電話。彼からです。聞いてみますか？」

薄気味悪く感じた。断りたかったけれど、金井さんは着信に応答したかと思うと、
無言で素早く私の耳にスマホを押しつけた。

「まだ入らないつもりかよ。入れよ。入れったら入れ！」

憤る若い男の声の後ろで、ヒューヒューと風が鳴っていた。

鎌倉市・散在ガ池

散在《さんざい》ガ池《いけ》

鎌倉市の散在ガ池は明治二年に造成された人工池だが、出来た直後から子供の溺死事故が相次ぎ、およそ百四十六年前、近隣住民の手によって、子供たちを遠ざけるためのまがい物の伝説『神次の話』が作られた。

それは、ざっと、こんな物語だ。

【神次の話】

昔、今泉村になかなか子宝に恵まれない長者の夫婦がおりましたが、朝に晩に神仏に祈願したところ、元気な男の子を授かりました。

夫婦は、この子を神次と名付け、とても大事に育てました。

神次は元気でやんちゃな性格で、外を走りまわれる年頃になると、近所の化け物鯰《なまず》が棲《す》んでいるという池にもしばしば遊びに行くようになりました。

けれどもある晩、長者殿は夢の中で「息子の神次を池にやってはいけない」という声を聞き、これは神仏のお告げであろうと思って、神次を部屋に閉じ込めることにしたのでした。

よかれと思ってのことでしたが、その日から、なぜか神次は生気を失い、次第に瘦せ細って寝つくようになってしまいました。

打つ手もなく、途方に暮れていた長者夫婦は、ある日、とうとう命も危ういと思えるほどに弱った息子から「死ぬ前にもう一度だけ池を見せてくれ」と懇願され、哀れなようすに否とは言えず、池に行くことを許しました。

すると神次は跳ね起きて、家から飛び出していきました。

そして一目散に池まで駆けていったかと思うと、その勢いのまま池に身を投じてしまいました。

神次は、それきり浮かんできませんでした。

救いがない。結果だけがあって、原因が提示されていない。だから怖い。

こういう不条理な昔話は珍しくない。上手にそれらしく作ったものだと思うが、残念ながら、子供たちを遠ざける効果はあまり無かった。『神次の話』が作られてからも、あいかわらず散在ガ池では子供がよく死んだ。

しかしながら、昭和四十年代から五十年代中頃にかけて散在ガ池は整備・再整備を繰り返し、昭和五十七年、散在ガ池森林公園としてあらためて開園したのだった。このことには、昭和のその当時、鎌倉一帯を住宅地として開発し、新規の住人を呼び込みたい不動産業者の思惑が働いていた。そのため、本当は人工的な溜め池である散在ガ池を「鎌倉湖」と呼び替えて宣伝する向きもあったそうだ。

実際、湖と呼んでもさしつかえないほど、散在ガ池は広く、景観も良い。周囲を緑に囲まれており、水鳥が集い、鯉も棲んでいる。池の周りを巡る遊歩道があり、近隣住民の憩いの場あるいはデートスポットにぴったり……のはずが、いつもたいがい空《す》いていて、ことに平日は、あたりからまったく人影が絶えてしまうのは、なぜだろう。

明治の昔から今に至るまで事故や事件が多いせいだろうか。

約二十年前、私が鎌倉に住んでいた頃には、この池の近くで、女性のバラバラ死体が発見された。

その頃、私はフリーライターとして明治・大正・昭和初期頃の、いわゆる「古き佳《よ》き鎌倉」の証言集を作るという地元出版社の企画に参加していた。

数名のライターで手分けして、鎌倉の生え抜きの古老を取材してまわっていた最中で、この日も笹川さんというお年寄りのお宅にお邪魔していた。

すでにインタビューはほぼ終わり、お茶をいただきながら雑談をしていたら、笹川さんが私に訊ねた。

「うちの近所でこのあいだバラバラ死体が見つかったの、知ってるかい?」

私はその事件を地元紙で斜め読みしていたが、詳しいことは知らなかった。

笹川さんによると、事件現場はこの家からほど近い池だという。

遺体が発見された後、刑事たちがやって来て、笹川さんに不審人物や怪しい車を見かけなかったか訊ねたそうだ。まだ犯人は逮捕されていない。

しかし、笹川さんはあまり衝撃を受けたようすではなく、件《くだん》の池で遺体があがるのは今回が初めてではないと言った。

彼が子供の頃には、抱き合った格好のまま骨になった母子の死体が引き揚げられたことがあった。しかも、その母子の死体は、どちらも首が無かった。

また、その当時は隣の学区の小学校の児童が溺れ死んで噂《うわさ》になり、彼は親から「池の主は化け物鯰《なまず》で、子供を水の中に引き摺り込んで食べてしまう(だから池では遊ぶな)」と脅されていた。

最後に、笹川さんはこう私に忠告して話を締めた。

「あなたもあそこには行かない方がいいよ。化け物鯰はでたらめだろうが、バラバラ事件の犯人は、まだそこらへんにいるかもしれないわけだからね」

ところが、私は散在ガ池に行ってしまったのだ。しかも、注意されたその日のうちに。

警告をあえて無視したわけではない。その頃、私は、散在ガ池を実際に見たことがなく、鎌倉湖と同一のものだと認識していなかった。また笹川さんは単に「池」とおっしゃっていた。そのため誤って行ってしまったのである。

インタビューが終わっても、まだ陽が高かった。午後の二時か三時頃だったと思う。季節は春。笹川さん宅のあたりは風致地区に指定されていて景観が良く、そこここで八重桜や山吹が咲いていた。その日はもう取材の予定はなく、すぐに帰宅して仕事するつもりだったが、考えてみれば締め切りはまだだいぶ先だった。

日暮れ時までこの界隈をぶらぶらしてもいいだろう――。

しばらく景色を楽しみつつ歩いていると、やがて「鎌倉湖畔通り」という道標を見つけた。

鎌倉湖の名前は知っていた。しかし訪ねたことはない。良い機会だから行ってみようと思い、私は足を速めた。

ところが到着してみると、森へ続く小路があり、入口に「散在ガ池森林公園」と書かれているではないか。

散在ガ「池」？　なんとなく厭な予感がした。でも、道標を信じるなら、こっちに行けば鎌倉湖に着くはず。

どんよりした疑問を抱えたまま、森の中を歩いた。そのうち下り階段に差し掛かり、途中で視界が広く開けて、池と呼ぶには広すぎる水面が目に飛び込んできた。

——なんだ。やっぱり湖じゃないか。

ホッとしたちょうどそのとき、後ろから人が駆けてくる気配が近づいてきた。階段の幅が狭く、のろのろしていては邪魔になってしまうと思い、とっさに足を速めて、一気に階段を駆け下りた。

ところが、いちばん下に着いて振り向くと、誰もいない。

足音は気のせいだったのだろうか。それとも私が駆け出した後、まわれ右して引き返して行ったのか。

胸底がざわつき、気分が落ち着かなかったが、とりあえず「湖」のほとりに据え付けられたベンチに腰をおろした。

と、その途端、水面に浮かんでいた鴨が一斉に飛び立った。そして同時に、どこからか子供の笑い声が聞こえてきた。

子供が石でも投げたのだろう。それで、鴨たちが逃げたのだ。

そう思ってあたりを見回すと、四、五十メートルばかり離れた岸辺に小さな人影を見つけた。

私は乱視の入った近視で、メガネを掛けていても、十メートルも離れたら顔や服装など細かいところは見えない。しかし、体の小ささなどから推して、八歳から十歳ぐらいの子供だろうと思った。短めのおかっぱ頭。女の子だろうか。独りきりで、池を囲う柵《さく》の中に入っている。

と、そのとき、子供らしき人影は、スススーッと水の方へ滑っていった。紐《ひも》で引き寄せられるような動きだ。

「危ない！」

私は思わず声をあげて走り寄ったが間に合わない。子供はどんどん水の中に没していく。

けれども、それが、ジャブジャブと歩いて入るのとは違う、ひどく滑らかな入り方で、水音もしないのだった。しかも速い。黒い髪が半球の形に水面に浮かび、それが頭のてっぺんだけになったかと思うと、あっと言う間に見えなくなった。

あとは、深緑色の水が澱《よど》んでいるばかり。

私は震えながら柵にしがみつき、子供が消えたあたりの水面を凝視した。

不思議なことに、そこからは気泡ひとつ浮かんでこなかった。何事もなかったかのように静まり返っている。

何か別のものを子供だと錯覚したのだ。そう、たとえば魚とか。

そう考えようと努めたが、震えと鳥肌が収まらなかった。私はすぐにここから離れることにし、来たばかりの道を戻りはじめた。

すると間もなく、先刻は見落としていた看板を見つけた。そこには公園の由来が記されており、鎌倉湖は通称に過ぎず正しくは散在ガ池ということも、子供の水難事故が多いことも書かれていた。

近所には他に池はない。ということは、最近若い女性のバラバラ死体が棄《す》てられていた池というのは、ここに違いないと悟らざるを得なかった。

死体遺棄の犯人は捕まっていないのである。

私は、無我夢中でその場から逃げ出した。

今回、これを書くにあたり、散在ガ池に関する怖い噂の類《たぐ》いを蒐集してみた。

曰く、池のほとりに子供の幽霊が現れる（たくさんの子供の霊が出るという説もあり）。

曰く、池の中に中年男性の霊が出る。

曰く、携帯電話を二台持っている場合、一台を近くに停めた車中に置き、もう一台を持って池の周りを歩いていると、車に置いてきた携帯電話から、持っている携帯に電話がかかってくる。

曰く、池を巡る遊歩道を歩いていると、脚に女の髪の毛がからみつく。

曰く、池の周りを一周すると不幸が訪れる。

近頃では、「心霊スポット」「怪奇スポット」として、散在ガ池は、そこそこ知られているようだ。

私の体験談も、そのうちの一つに加わるのだろうか。

私はあそこで見たことを記憶の奥底に押し込もうと努め、実際、それっきりずっと忘れていたのだが……。

去年、入会しているSNSでこんな投稿をたまたま見つけて、記憶を蘇らせた次第である。

~2014年9月18日18時10分 facebook「鎌倉ガーディアンズ」のページへの投稿~

《市民のみなさま 最近の防犯情報です 9月2日……散在ガ池森林公園で白骨化した遺体が発見》

二十代半ばから三十代の女性の他殺体だったそうだ。

そうしてみると、ネットで囁《ささや》かれている「遊歩道を歩いていると、脚に女の髪の毛がからみつく」などという怪談は、心霊現象でも何でもなく、本当に遺棄された被害者の髪の毛だったのではないかという気がしてくる。

怪異な出来事はときたま本当に起きると思うが、現実の事件も怖い。

この死体遺棄の犯人が逮捕されたかどうかは、インターネットで検索した程度ではわからなかった。ニュースになっていないということは、逮捕されていない可能性も高い。

およそ二十年前のあのバラバラ死体事件の犯人も、未だに捕まっていない。

憑《つ》いてこないで

豊島区巣鴨

二年ぐらい前まで、約三年間、毎週三、四回も、南青山の自宅から豊島区の巣鴨に通っていた。巣鴨のスイミングクラブで息子が水泳を習っており、送迎していたのである。初めのうちは息子が幼く、行きも帰りも付き添っていたが、やがて彼は、自宅と巣鴨駅との往復にだけ付いてきてくれればいいと言いはじめた。

その頃、巣鴨駅前でスイミングクラブのお友だち二、三人とよく行き合わせた。駅からスイミングクラブの間は、彼らと一緒に子供たちだけで通いたいのだと息子は私に訴えた。

息子もそういう年頃になったのだ。私はそう解釈して、子供用の携帯電話を持たせ、何かあったらすぐに掛けてくるように言い聞かせた上で、行かせることにした。待ち合わせ場所は、駅ビルのコーヒーショップに決めた。

息子の水泳練習は、平日はたいがい夕方の四時半から始まって、六時半頃に終わる。その後、着替えて、徒歩で駅ビルまで戻ってくると、四階にあるコーヒーショップに着くのは、六時四十五分から七時の間になった。

巣鴨駅前、あるいはコーヒーショップから私が息子を見送るのが午後四時頃だから、三時間近くある。

パソコンを広げて仕事の原稿を書いていたが、一ヶ月もすると、いつもいつも同じコーヒーショップにじっとしているのが厭になった。そのうち、私はこの近辺の町をよく知らないということに思い至った。するといてもたってもいられなくなり、さっそくコーヒーショップの隣にある書店で豊島区の詳細地図を買って外へ繰り出した。

少し余裕を見て、午後六時半ぐらいまでにコーヒーショップに戻ればいいのだ。とげぬき地蔵から始まって、次第に私は足を延ばした。

妙行寺と巣鴨プリズンを訪れたのは、二〇一三年の七月半ばのことだった。地方によっては盆の入りにあたるその日、巣鴨界隈は炎暑に包まれ、油照りに蟬《せみ》が鳴き騒いでいた。

お岩さまが、夫・田宮伊右衛門との確執の果てに病身となり、その後亡くなったのは寛永十三（一六三六）年二月二十二日。以来、田宮家の菩提寺であった妙行寺四代目日遵上人の法華経の功徳によってお岩さまの因縁が取り除かれるまで、田宮家では災いが立て続けに起きたのだという。

四谷怪談の寺が巣鴨にあるのは変だと思っていたが、訪ねて来歴を確かめたところ、ここ妙行寺は明治四十二年に四谷から移転したのだということがわかった。

お岩さまにお祈りすれば願い事が成就するとの言い伝えがあるそうで、実際その日も参拝客が幾人も居た。そこで私も手を合わせたが、今となっては何を願ったのかされ思い出せない。

正直、興味本位で訪ねただけだったのだ。

夏といえば怪談、怪談といえば四谷怪談という単純な発想で、予備知識もたいして入れていなかった。来るまでは、お岩さまの墓所の前に赤い鳥居が建っていることも、お岩さまが生前、熱心に稲荷神を信仰していたことも知らなかったのである。

お岩さまは稲荷神への信心が篤く、お陰で十六石足らずの貧しい家だった田宮家は復興したと信じられている。そのため、田宮家だけでなく、近隣の人々もこぞってお稲荷さまを祀《まつ》るようになったとか。

その証とも言えるのが、四谷・陽運寺の於岩稲荷。『東海道四谷怪談』歌舞伎興行の際に役者等関係者が必ず参拝に訪れることから、おそらくこちらの方が巣鴨の妙行寺より有名だろう。

於岩稲荷の本堂にはお岩さまの木像が安置され、新宿区の文化財に指定されたお岩さまゆかりの井戸も境内にあるという。

以上のような経緯があるため、妙行寺のお墓の前にも、稲荷神の鳥居が建てられたのだろう。

蟬しぐれのなか、灰色に沈んだ墓所に鮮やかに浮き上がる真っ赤な鳥居は、禍々《まがまが》しく感じられるほどあでやかだった。

まだ、あと一時間以上あった。池袋の巣鴨プリズンは、「サンシャインシティ」のすぐ裏だ。電車に乗って行き帰りしても間に合うだろう。お岩さまの妙行寺を訪ねたのと同じ理由から、行くつもりになっていた。

つまり、巣鴨プリズン跡地は有名な心霊スポットなので。

妙行寺の境内を出て、巣鴨駅に向かって戻りはじめた。すると、何メートルも歩かないうちに、スーッとタクシーがやってきて目の前で停まった。

喪服の男女が降りて、妙行寺の山門へ向かう。

私はぼうっと立ち止まり、二人を見送った。そして視線を前に戻して、偶然タクシーの運転手と目が合った瞬間、なんとなく右手を挙げてしまった。

タクシーの車中は涼しく、心地良かった。

目的地付近で車を停めて料金を支払い、座席から腰を浮かせたときだ。

「お客さん、忘れもの。シートに落ちてますよ」

運転手に注意を促され、見れば、たしかに私の黄楊《つげ》の櫛《くし》が落ちていた。かまぼこ型で厚みがあり、もう長年大事に使っているものだ。

――どうして落ちたんだろう。

私はその櫛をいつも化粧ポーチにしまって持ち歩いていたが、今、タクシーの中では取り出さなかった。ポーチを開けてもいないのだ。それが、後部座席の右側の窓のそばに落ちている。

「ありがとうございます」

咄嗟《とっさ》に櫛を座席から拾い上げてタクシーを降りたが、私は、お岩さまが櫛で髪をとかすと髪が抜け落ちてくる、あの『四谷怪談』の一場面を思い起こしていた。

道端で急いでバッグを開いて、やはり化粧ポーチの口のファスナーが閉じていることを確認すると、いよいよ胸底が冷え、大切な櫛が急に他人の物のように感じられてきた。

それと同時に、巣鴨プリズン跡地にこれから行くというアイデアが、急に無謀なものに思われてきた。

――馬鹿みたい。不謹慎だったかな。

悔んだが、すでに到着してしまっている。

巣鴨プリズンはかつては巣鴨拘置所といって、第二次大戦中には思想犯などが収容され、獄死する者も多かったという。戦後はＧＨＱに接収されて、名を巣鴨プリズンと改め、戦犯の収容と処刑を行なった。

拘置所にまつわる怪奇現象が噂《うわさ》されるようになったのは一九六〇年代だとされているが、ちょうどその頃持ち上がった再整備計画に基づいて、現在跡地は公園になっており、ここで命を落とした人々を慰霊するために石碑が園内に建てられている。

石碑には、花束や日の丸の旗が供えられていた。こともあろうに手ぶらで来た私は、せめてもの償いに、一所懸命に手を合わせた。

サンシャインシティの六十階建てのビルから投身自殺した人は、落下する途中で風に流されて、なぜかこの石碑のある公園内に落ちることが多いのだそうだ。

あたりに人の気配は無く、誰かが直前に供えた線香の匂いが濃くわだかまっていた。

線香の匂いを全身に纏《まと》わりつかせたまま、巣鴨駅に戻った。

駅ビルのエスカレーターに乗ると、二階の踊り場で着物を着た女性がうずくまっている。巣鴨は「おばあちゃんの原宿」とも呼ばれ、高齢の女性に人気がある。お年寄りが休んでいるだけだろうと思ってやりすごしたが、三階に昇る途中で振り返ると、姿が無かった。

三階から四階へ昇る途中では、エスカレーターの方を向いてベンチに座る裸足の女性を見た。

エスカレーターと店内を仕切る透明なアクリル板があり、それから二十センチぐらい離してベンチが置かれている。これは常識的に考えてエスカレーター側に背を向けて座るものだろう。しかし、この女性は、どういうわけか明るい店内に背を向けていた。膝を揃えてベンチに腰掛け、靴を脱いでアクリル板に素足の爪先をつけている。

年の頃は三、四十代で、遠目にもわかるほど顔色が悪い。目は瞑《つむ》っていた。

ところが、私がちょうど横を通りすぎる瞬間、狙ったかのように目を開けたのだった。

その目の中が一面真っ黒に見えたのは気のせいだろうか。

コーヒーショップに着いて、コーヒーを買い、空いている席に腰掛けた。

時計を確かめると、六時半に近かった。あと十五分ぐらいで息子が帰ってくるだろうと思うと、何やらひどくホッとした。

櫛のことや着物を着てうずくまっていた人や、さっきの裸足の女性のことが頭から離れない。それに、どういうわけか、まだ時折、線香の香りがフッと鼻先をかすめるような気がした。

線香とは、こんなにもしつこく匂うものだったろうか。

と、そのとき、低く呟く声が聞こえた。

「……っ……っ……っ……」

あたりを見回すと、杖をつきながら店内をぐるぐる歩き回っている人が目に留まった。口もとが動いている。声の主に違いなかった。

だが、その容貌が普通ではなかった。

常人の倍以上もある長い顔で、頬にも顎先にも肉が盛り上がり、瞼《まぶた》は垂れ下がり、目鼻立ちが判然としない。おまけに顔が胸から生えている、と最初は思ったが、よく見たら、背中が象亀の甲のように丸く盛り上がっているせいだとわかった。背丈は当時のうちの息子と同じぐらい、つまり百三十センチ程度で、大人にしてはひどく小さい。ざんばらに伸びた白髪が肩を覆い、片手で木の杖をつき、もう一方の手は鉤爪《かぎづめ》のように曲げている。

醬油で煮しめたような茶色い作務衣を着ていて、性別はよくわからない。

そういう人が、コーヒーショップの中を存外に速い足取りで歩いてきて、私の前で、ピタリと立ち止まった。

「……っ……っ……」

私を見ているわけではなく、あさっての方向を向いたまま佇んで、また何か呟いた。

そして行ってしまった。と思ったら、店内を一周して、また来た。

三度目に目の前で立ち止まられたとき耐えられなくなり、私は席を立って、飲み残したコーヒーを捨て、同じ階にあるレストランに移動した。

さっきの人が尾けてきてやしないかと恐れながらレストランに入り、ウェイトレスに案内されて席についた。

すると、しばらくして、水を注いだコップをウェイトレスが持ってきたのだが、その数が一つ多い。

私の前に一つ。同じテーブルの向かいの席にも一つ。

呆気に取られているうちに、ウェイトレスはさっさと私のテーブルから離れて行ってしまった。

気にしないで放っておこうかどうしようか散々迷った挙句、ウェイトレスに声を掛けた。ビールの中ジョッキを注文し、ついでのような振りをして余分なコップを指差した。

「一つ多いですよ」

ウェイトレスは怪訝な顔をした。

「お連れさまは……？」

「最初から独りです」

「失礼しました」

コップが下げられたが、そうなればなったで、正面の空間に違和感を覚えた。いたたまれない。こんなことならコップを置かせておけばよかった。

やがて、ウェイトレスがビールのジョッキを運んできた。

そこへ、携帯電話に着信があった。

「お母さん、どこにいるの？」

息子だった。コーヒーショップに着いたのだろう。

「待ってて。すぐに行くから」

まだビールに口をつけていなかった。私は、ジョッキの取っ手をつかんでテーブルの上を滑らせて向かい側に移動させると、席を立った。


その後も私は、うずくまる着物姿の何者かと、裸足の女性には、同じ場所で何度も遭遇した。

ことによると、あれらは生きている人間なのかもしれないと思うようになった。変人はどこにでもいるものだ。

そのうち、杖をついた人は精神状態と見た目がお気の毒なことになっている人、コップの水についてはウェイトレスの勘違い、と、どれも常識に適《かな》った落とし所に辿《たど》りついた。櫛も、最後に使ったときにポーチにしまい忘れて、バッグに放り込んでいたのだろう。それが何かの拍子に落ちたに違いない。

——とはいえ、今、あの夕方に遭った一連の出来事を思い起こしながら、なぜか背筋を凍らせ、二の腕にびっしりと鳥肌を立てているのだが。

あそこにいた何者かが、私のビールをお神酒《みき》代わりに楽しんでくれていたらいいのだけれど。そして私をあっさり赦してくれたなら。

虫の好い考えだろうか。

七人目の看護婦

北区赤羽・廃病院スタジオ

二〇〇二年頃のことだ。私はデビューから三年目のAV女優で、業界の中でユニークな立ち位置になり、単体系の女優として主役を務めるときもあれば、企画系女優としてひと山幾らの「脱ぎ役」になるときもあった。

企画モノに出演するAV女優の大半は百戦錬磨のツワモノで、それでかえって蛸部《たこ》屋ならぬ共同控室の雰囲気はとても和やかなものになる。その日の撮影は企画モノだった。下は二十歳、上は三十五、六歳のAV女優が私を含めて六人。渋谷駅東口前の交差点で集合して、朝七時半に乗り込んだマイクロバスの車中はちょっとした遠足気分だった。

時季も良かった。桜がもうじき咲くかという春の日和である。マイクロバスは東京郊外へ向かった。乗っているのは男女合わせて二十人あまり。その過半数が出演者で、皆、顔見知りだ。

私たちAV女優は、持参したキャンディやガムを交換し、世間話に花を咲かせた。

そうするうち、一時間も経たず北区赤羽の目的地に到着した。

今日の撮影現場は廃病院。うら寂しい、廃墟一歩手前の病院の建物が眼前にそびえた。病院を舞台にしたコメディタッチのポルノを撮るのだから「本物」の建物を使った方が当然良いわけである。

実は、全国各地に廃病院スタジオなるものが点在している。

病院、ことに総合病院は部屋数が多い。そこで、中の何室かを学校の教室風やレストラン風に改装することが可能になる。機材の搬入に便利な広い駐車場も備わっている。ことによると庭や屋上などもあって、さまざまなシチュエーションの撮影に対応できるというわけだ。

あの日、私が訪れた廃病院スタジオは、三階建ての鉄筋コンクリートの建物で、特に大きな改装は施されておらず、ガラス扉のエントランスから、合皮張りのベンチが並ぶ一階の廊下、薬臭い診察室に至るまで、昔日の面影を留めていた。

私たちAV女優が最初に通されたのは三階の一室で、もとは六人から八人の患者が相部屋で入院していた病室だった。しかしベッドなどは取り払われ、その代わり、部屋の一角に高さ四十センチほどの台を据え付けて上に畳を乗せて四畳半のスペースを唐突な感じに出現させていた。

四畳半には、もう春だというのに不精たらしく炬燵《こたつ》が置かれ、その周りには、さあ座れ、とばかりに座布団が何枚か敷かれていて、いかにも快適そうではあった。私たちはてんでに靴を脱いで四畳半に上がり、さっそく炬燵を囲んだ。気が利く制作スタッフがいて、少しすると山盛りの蜜柑《みかん》を籠に盛って持ってきた。これでそばにテレビがあったら、まるで昭和のお茶の間だ。そうでなくとも和やかな雰囲気がますますくだけて、撮影が始まる頃には炬燵に足を突っ込んで座布団を枕に眠りはじめる者まで出た。

どんなにだらけようが、ここは我々ひと山幾らの本日の控室なのだから問題はない。バスルームは三階の奥のものを使い、着替えはこの部屋の中でするようにとのことだった。

四畳半の台以外は病院らしいリノリウム張りの床。天井の八ヶ所に、各病床を仕切っていた長方形のカーテンレールがあった。端の窓際の一つだけはカーテンが残されていて、説明を受けなくても、そこのカーテンを引いて更衣室がわりにしろということだろうと察しがついた。

けれども、なぜかほとんど皆、目隠しになるものが無い四畳半で着替えたがった。裸を人目に晒《さら》すことに馴れ切っていたせいもあるが、それだけではないだろう。

私は、白いカーテンで閉ざされた四角い空間に入ったときの厭な感じを今でも憶えている。

あってあたりまえの物が無い。そこにあったはずの入院患者のベッド、見舞い客が腰掛けたスツール、小さな冷蔵庫。それらが無い。

独りでベッドのあったあたりに佇むと、何やらいたたまれない気分になり、胃袋のあたりがギュッと縮んだ。

六人全員にナース服が配られていたが、カメラの前に呼ばれていくとき以外は、制作会社から貸してもらうガウンや、自前のジャージやスリップを着ていてもよかった。撮影は順調で、正午には近所の蕎麦屋から取った丼モノやざる蕎麦が配られ、午後からは袋菓子やペットボトルのジュース、お茶の差し入れが度々あった。素裸の上にタオル地のガウンなどを着て、電気を入れていない炬燵に足をつっこみ、怠惰な猫みたいにゴロゴロしているうちに、日が暮れてくる。

もちろん、時々は撮影してもらいに二階の手術室や院長室、一階の診察室やナースステーションに行った。しかし、なにしろ女優が六人も居て、一斉にカメラ前に立ったのはパッケージ用の写真を撮るための一回きり。あとは一人か二人ずつ呼び出されるのだから、待ち時間の方が圧倒的に長くなった。

やがて、撮影は終盤に入った。

最後に、一人あたり十分程度で撮影できる、ごく簡単なイメージカットを全員分撮ると言われた。

カメラが回りだしたらすぐに衣装は脱ぐことになるだろうという説明を受け、メイク係や助監督の勧めもあり、私たち六人はナース服をきちんと着て呼び出しを待つことにした。

四畳半で皆して着替えて、再び炬燵を囲むと、程なくしてADが来て一人目を連れていった。

そして予告通りたしかに十分ぐらいで戻ってきたのだが、なぜだか血の気の引いた顔をしていたので驚いた。

普通のようすではなかった。すぐに部屋に入ろうとせず、戸口のところから、私たち偽ナースを一人一人確かめるように見つめている。

部屋の戸口は病室によくあるような引き戸になっていたのだが、その扉の端をつかんでいる指の関節が真っ白だ。

「やっぱり、ここに全員いるよね？」

心なしか声が震えている。すぐに誰かが「どうしたの？」と声を掛けたが、みんな同じ気持ちだったと思う。

「ねえ、私が撮影されている間に、誰か一階の廊下に行った？」

全員が首を横に振った。

「みんなここに居たよ。いったい、どうしたのよ。何かあった？」

彼女はぎこちなく笑い、四畳半に上がってきた。

「……ううん。きっと私の気のせいだから」

そう言って、隅っこで私服に着替えはじめた。

彼女が着替え終わるのと同時くらいに、二人目の呼び出しがかかった。

「じゃあ、行ってくるわ」「いいなあ。私も早く終わりたい」

一日の仕事がもうじき終わるという解放感も手伝い、私たちは陽気に笑い合った
――もう私服に着替えた一人目を除いては。

彼女だけはうつむき加減で、会話に加わろうとしないのだ。

一階で、何か厭なことをされたのかな、と、そのときは思った。

制作会社やAVメーカーのスタッフの中には、AVで食べているくせにAV女優を蔑《さげす》む輩《やから》がいることもある。たった十分間であっても、何が起こるかわからない。

傷ついた仲間には優しい沈黙で応えることに慣れている私たちだった。だから一人目の彼女は、誰にも突っ込んだことは訊かれなかった。

ところが、二人目が帰ってくると、その子も蒼白な顔をして、私たちを見たのだった。

「おかしい。やっぱりここに全員いるよね？」

私たちは顔を見合わせた。

一人、私服に着替えたから、偽ナースは四人に減っている。

そのとき、私服になっている一人目が、二人目の子の視線を捉え、意を決したかのように、真剣な顔で問うた。

「一階で看護婦さん、見た？」

たちまち「何のこと？」「どういうこと？」と大騒ぎになった。

そこで一人目と二人目が揃って説明しはじめたのだが——。

一階のナースステーションで撮影が始まるとすぐ、廊下側の窓の外を白い制服姿のナースがしずしずと横切っていく。

そのナース服は私たちが着ているミニ丈の衣装とは違って、膝が隠れる丈だ。彼女は、漆黒の髪を後ろでひっつめにして、胸にカルテか問診票のようなものを抱えている。

カットがかかって、右手のドアから廊下に出ると、左側の廊下の奥に背中を向けて佇んでいるのが目に入る。

一階の廊下の奥の方は、撮影に使っておらず、電気を落としている。暗がりの方を向いて、ただ真っ直ぐに突っ立っている後ろ姿が見える。

――そんなものを見たというのだ。

幽霊にきまっていると全員が思ったはずだが、好んで怖がりたがる者はいなかった。そのうち、撮影スタッフが余った衣装を着てふざけているのだろうと誰かが言い出すと、犯人はひょうきん者で知られるADの千葉くんだと、まだ一階に行っていない四人で寄ってたかって決めつけることになった。千葉くんは華奢《きゃしゃ》な長髪の若者で、後ろ姿なら女性に見えなくもない。怖いことは避けたいと思い、私も尻馬に乗った口である。

そこへ、タイミングよく件《くだん》の千葉くんがやってきた。脂じみたTシャツにデニムのズボンという姿だ。「次は……」と彼に呼ばれたAV女優は毅然として立ち上がった。四畳半の台を降りると、私たちを振り向いて、「誰がやってるか、見てくるから」と宣言した。気丈な人だと思った。

ところが彼女は、帰ってきたときには複雑な表情を浮かべていた。

「スタッフは全員、千葉くんも含めて、ナースステーションの中に集まってたのよ。それに長い黒髪のナースなんて、川奈さん以外いないよね」

「私？　私はずっとここに座ってたわよ」

三人目は黙り込んで、私をしげしげと観察した。

「川奈さんより小柄だったような気がする。それに、ナース服がもっと本物っぽかったかもしれない。そんなミニ丈じゃなくて」

すぐにまた千葉くんが来た。名前を呼ばれた四人目は悲鳴をあげた。

「やだぁ！」

「なんで？　超簡単なイメージカットなのに」

驚く千葉くんに事情を話したが、彼は引き攣《つ》った笑みを浮かべて、それはメイク係の女性、持田さんだろうと言った。

「持田さんもナースステーションの中にいましたよ」

千葉くんは「弱ったな」と言いたそうな顔で「監督に怒られるよ？」と四人目の女優の顔色をうかがった。グズグズしていたら、真っ先に監督に叱られるのは彼に違いなかった。

「わかった。行くよ」心優しい四人目が呟いた。「でも、怖いなぁ……」

これで、残る偽ナースは私と、あともう一人だけになった。

四人目も五人目も、すっかり青ざめ、泣きそうになりながら戻ってきた。

ついに私の番だ。

千葉くんの背中を見ながら階段を降りた。

一階につくと、恐る恐る廊下の奥を覗き込んでみずにはいられなかった。

明かりを点けていない廊下の突き当たりが暗がりに呑み込まれていた。

誰も居ない。

「川奈さん、こっちこっち」

促されて、ナースステーションに入る。照明機材と反射板とで室内全体が煌々と白く輝くように照らされていて、廊下とは対照的なその明るさに安堵を覚えた。すぐに撮影が始まった。本当に簡単なカットだった。台詞も無い。

あっけなくビデオを撮影し終えると、宣伝用のスチール写真を撮りたいからと言われ、ほんの一、二分、その場で待たされることになった。

そこで私はふと何気なくナースステーションの窓の方を向いて、見てしまった。

白いナース服の看護婦が、窓の右端から現れて、左の方へ歩いてゆく。

落ち着いた歩調だ。カルテか問診票か、何か薄くて四角いものを胸に抱えており、姿勢が良い。横顔にはこれといった特徴はない。どこにでもいそうな、可も無く不可も無い地味に整った顔立ちだ。髪は、耳を出して後ろにきつく引っ張り、うなじの上でゴムで結わえている。

真っ直ぐな黒髪は、そう、たしかに私に似ているが、私より一回り小柄でほっそりした人だ。

しかし長く観察する暇もない。彼女は、何か目的を持っているようで、サクサクと歩き、一度も立ち止まらなかった。

三、四秒で、窓の左端に姿が隠れて、目で追えなくなった。

スチール写真の撮影はすぐに済んだ。写真を撮られている間は、ナースステーションを出るときは左の方だけは見ないようにしようと、そのことばかり考えていた。しかし、いざその瞬間になると、急に怖いもの見たさが心の底からせり上がってきた。そして階段の一段目に足を掛ける直前で、とうとう我慢の限界に達し、私は左の廊下を見てしまった。

白い看護婦は、ナースステーションの先で凍りついたように立ち止まっていた。彼女が向いている方には廊下が長く延び、先へ行くほどに暗くなり、どん詰まりには闇が澱んでいるばかり。

今にも振り向きそうだ、と、ゾッとして髪の根が逆立ったとき、階段の上の方からAV女優たちが四人、降りてきた。にぎやかにおしゃべりしながら、しかし廊下の方からは不自然に顔をそむけて、足早に私と擦れ違っていく。

「行っちゃうの?」と私は思わず彼女らを呼びとめた。自分でも驚くほど心細そうな声が出た。

「あと一人いるから大丈夫だよ」

私は階段を駆け上がって、あの四畳半のある部屋へ急いだ。息を切らして部屋に飛び込むと、炬燵に鏡を立てて化粧を直していた子がギョッとして目を剝いた。

「なんだ。川奈さんか。脅かさないでよぉ」

「ごめんごめん。あのさ、私、大急ぎで支度するから……」

「うん、わかってる。待ってるよ。独りだと、この部屋も怖いよね。さっき、みんなが行ってからほんの一分ぐらいしか経たないけど、それでもすっごくドキドキしちゃった」

猛スピードで私服に着替えていると、メイク係の持田さんが来た。

「衣装とバスタオルを回収しますよ。川奈さん、身支度できた？　マイクロバスで、みんな待ってるから」

私ともう一人のAV女優を廊下へ出させると、持田さんは戸口の横のスイッチを押して明かりをパチンと消し、引き戸になっている扉を閉めた。

その途端、私は、畳の上に上着を置いてきてしまったことを思い出した。

アッと声をあげて、大慌てで、「上着を忘れた」と口走りつつ扉を引き開けた。

カーテンで三方を囲まれた四角い空間の真ん中に、そこに無かったはずのベッドのシルエットが浮かんでいた。そして――。

私は目を瞑《つむ》って四畳半に突進し、靴を脱ぐのももどかしく、土足で畳敷きの台の上に跳び乗ると、しゃにむに自分の上着を引っつかんだ。即座に方向転換して戸口へ走り、部屋の外へ飛び出して、後ろ手で戸を閉めた。

五人目の偽ナースだった子が、階段を駆け下りていく足音が聞こえた。

「急に走っていっちゃった」と持田さんは怪訝そうに言った。「どうしたっていうんだろう？　今日はなんだかみんなヘン。何かあったの？」

私は答えることが出来なかった。

あの時、私は見た。

——カーテンの陰から七人目の看護婦が出てきた。

つかつかとベッドの枕もとに近づいて、そこに佇む。

暗闇に仄《ほの》白く浮かびあがるナース服。その真っ直ぐな背中。

彼女は、たった独りで病院の中を彷徨《さまよ》っていたのだろうか。あれから長い時が過ぎた今になってあの姿を思い返せば、恐ろしさより物悲しさが先に立つ。

持田さんに問われたとき、信じてもらえるわけがないからとつぐんだ口も、今なら開ける。

まいどの顔

渋谷区道玄坂～港区南青山

「お母さん、〝まいどの顔〟って知ってる？」

　知らないと答えると、息子は大真面目に「僕もよく知らないんだけど」と前置きして、説明しはじめた。

「どこかで知らない人に遭うとするでしょ。そしてまた、別のところで、たとえばコンビニの店員さんに遭う。そうしたら、その人が同じ顔をしてるんだ」

「コンビニの店員さんと、偶然お店の外で遭っただけじゃないの？」

「そう思うよね。でも、次に病院に行くと、お医者さんがまた同じ顔をしていて、さらにタクシーに乗るとタクシーの運転手さんもおんなじ顔をしてるんだよ。毎度まいど同じ顔だから〝まいどの顔〟っていうんだ」

　息子は十歳で、二〇一五年のその春、小学校五年生になったところだった。

　かつて昭和の時代に、口裂け女や人面犬を生み出したのはこのぐらいの子供らではなかったか。ノスタルジーを含んだ思いに捉われながら、私はその話には『のっぺらぼう』などの原型があること、だからそんなオバケは現実には存在しないことを説いてきかせた。

息子はそれで一応、納得したようだった。

「僕の知ってる誰かが見たって話じゃないんだ」

「ただの噂《うわさ》なのね？」

「うん。そんな感じ。〝花男さん〟と一緒だよ」

〝花男〟というのは、息子が通う小学校の三階の男子トイレに棲《す》むオバケで、有名な〝トイレの花子さん〟の兄なのだそうだ。

ちなみに花子さんの妹もいるらしい。そのうち両親も出てきて、家族全員揃うものと思われる。

そのときは、それだけの話だった。

ところが数日後、うちの近所に住む女の友人と会話していたところ、彼女がまったく同じ話をするので驚いた。

「うちの子から聞いた話なんだけど」と彼女は前置きをして語りはじめた。

「塾にお迎えに来る誰かのお父さんが、スーパーマーケットにも交番にもいるんですって。もっと言うと、下校の途中で道を訊ねてきた人も……」

「ちょっと待って。もしかして皆、同じ顔をしてるという話？」

「そうよ！　知ってるの？〝まいどの顔〟っていうらしいわ」

子供って面白いことを考えるものね、と彼女は話をしめくくり、私たちは自分たちが子供だった昭和の頃の都市伝説へと話題を移した。

彼女と私は渋谷の喫茶店でお茶を飲んでいたのだった。

店の前で別れて独りになり、時計を見ると、まだ午後三時だった。四月下旬の暖かな日和で、これといって急ぎの用もなく、散歩するのにちょうどいいと思った。渋谷から家までは、徒歩で二十分ほどの距離だ。

私は〝まいどの顔〟について考えを巡らせながらブラブラ歩きだした。

息子から聞いたとき私が真っ先に思い浮かべたのは、本所七不思議の『置行堀《おいてけぼり》』に登場する「のっぺらぼう」と、小泉八雲が『怪談』の中で書いた「むじな」だった。

どちらも、罪の無い者が、偶然、つるりと顔の無いのっぺらぼうのオバケに繰り返し遭遇するという筋立てで、のっぺらぼうは狢《むじな》か狸《たぬき》が化けたものである、というところも共通する、似通った話である。

繰り返し人を驚かせる怪異が登場するのは怪談の典型的な様式の一つで、民俗学では「再度の怪」という名で分類されているそうだ。

二十一世紀生まれの平成っ子が生み出したオバケなのに、日本の伝統を正しく継承しているというのは興味深いことだ。

ただ、〝まいどの顔〟は、「再度の怪」の典型とは違い、のっぺらぼうなどの奇怪な容貌をしておらず、あたりまえの人間の顔をしているところが独特だ。そしてどうやら、そいつは必ず男性であるらしい。

こんなことを考えつつ歩いていると、行き交う人々の半分ぐらいが〝まいどの顔〟かもしれないと思い至った。何しろ人間の約半分は男性なのだから。

もしかしたら、今私と擦れ違ったサラリーマンが〝まいどの顔〟かもしれず、あるいはさっきまでいた喫茶店のウェイターがそうかもしれない。ひょっとしたら、夫が〝まいどの顔〟だったなんてこともありうる。

子供というのはおっかないことを考えるものだと感心した。

やがて私は、よく行くスーパーマーケットの前に差し掛かり、家にある牛乳の賞味期限が近いことや卵があと三個ぐらいしかないことなどを、不意に思い出した。

この店は、出入り口は一階だが、売り場は地下にある。エスカレーターを使って行き来するのだが、そのエスカレーターは上りと下りの二本が並んで設置されている。

私は買い物をしていこうと決めて、エスカレーターに乗った。下りはじめるとすぐ、横の上りの方に人が乗ってきた。

これといって特徴はない中年男性だったが、〝まいどの顔〟のことが頭にあったので、意識して顔を見てしまった。

やや頬のたるんだ四角い輪郭に、地味な奥二重の目。眉が濃い感じがするのが個性と呼べるだろうか。やはり、パッと見たとき感じた通りで、印象の薄い顔立ちだ。

一瞬、男性と目が合い、慌てて視線を逸らした。見ず知らずの人の顔をジロジロ見るもんじゃない。

スーパーで思いつくままにあれもこれもと買ってしまい、予想外に荷物が増えた。おまけに財布の中が乏しくなった。夜、子供を塾に迎えに行くついでに一緒に外食するつもりだった。子供連れでATMのあるコンビニに入れば、雑誌やお菓子を買ってくれとせがまれるかもしれず、煩わしい。

今のうちにお金をおろしておいた方がいい。そう思い、重い紙袋を手に提げて銀行を目指した。

銀行のATMの前には五人ばかり並んでいた。私も列に並ぼうとしたのだが、そのときうっかりして、紙袋が前の人の脚に軽く当たってしまった。

「あっ、ごめんなさい」

「いえ」と言いながら、私の前の人が振り向いた。

「いいんですよ。お気遣いなく」

すみません、と重ねて謝りながら、私は思わず目を瞬《またた》いた。

スーパーのエスカレーターで擦れ違った人と似ている。少し頰が下がった四角い顔に奥二重、濃い眉毛。でも、服装が違うような気がする。……いやいや、さっきはそんなに細かく見ていなかった。同一人物かもしれない。私より先にスーパーを出たのだから、辻褄が合わないことはない。

さて、お金をおろして、私は再び道を歩き出した。〝まいどの顔〟のことはしばらく忘れようと思いながら。

家までは、あとほんの少しだ。すぐそこの大きな交差点で、横断歩道をL字を描くような具合に二度渡り、真っ直ぐ百メートルぐらい歩けば着く。

一つ目の横断歩道を渡った先に交番がある。

忘れようと決めていたのに、ふいに思い出してしまった――「スーパーマーケットにも交番にもいるんですって」。

スーパーで擦れ違った男性とそっくりな人に、ATMのところで遭遇したばかりだ。そこの交番にもいたら〝まいどの顔〟に違いない。

考えてみたら、友人の子と私の息子は、通っている小学校は異なるが、お互いの家は近く、生活圏がほぼ重なっている。

話に出てきたスーパーマーケットはさっきのスーパーであり、交番も目の前の交番である可能性が高い。

私は息子を連れて歩いているときに百円玉を拾って、一緒にこの交番に届けたことがあった。そのとき対応してくれた警官の顔をまるで記憶していないことに、そのとき気づいた。

制服を着て交番にいれば、すなわち「おまわりさん」だと認識するだけで済ませて、いちいち顔なんて見ていない。

それに、そのへんの道や店の中で擦れ違ったり、ATMの前でやってしまったようにちょっとぶつかったりした相手の顔も、普段は記憶に留めることもない。タクシー運転手だって、そうだ。

私だけではあるまい。そういう相手については、外見に目立つ特徴があったか、トラブルになったり、強く印象に残るような会話を交わすか何かしなければ、普通は憶えていないものでは？

ということは、それが〝まいどの顔〟であったとしても気がついていないだけかもしれないということになる。

――こんな都会に、のっぺらぼうみたいな妖怪が！

まさか、馬鹿みたい、と心の中で自分を嗤《わら》いながら、交番を私は注視した。

制服を着た巡査が前に立ち、観光客らしい外国人に何事か説明している。

——あっ、似てる！

ドキドキしながら、二つ目の横断歩道を渡った。

そして、その後は何事もなく家に辿《たど》り着いた。

〝まいどの顔〟が、世間でどれぐらい話題になっているのだろうと思い、インターネットで検索してみたが、一つもヒットしなかった。

ごく限られた範囲でしか噂されていないのだろう。

そのうち消えてしまうかもしれない。

ここ何日か、私は街中で人々を観察してみて〝まいどの顔〟はどうやら色んな顔を持っているようだと思うようになったのだが。

現代の「再度の怪」は、あなたと同じマンションに住んでいるかもしれないし、近くの工事現場でヘルメットを被って働いているかもしれない。

御自分がそうではないという保証も無い。

瓶詰《びんづ》めの胎児

港区・六本木ヒルズ

そこは、ショッピングモール、レストラン街、映画館、美術館などを擁する娯楽エリアと、企業のオフィスが軒を連ねるビジネス・エリア、それから居住区とシティホテルから成る建造物群の一角だった。

この建造物群「六本木ヒルズ」は全国的に知られており、ここで働き、あるいは住まうことが、時代の最先端に在って富と名声を得た者のステイタス・シンボルだった時期もあった。リーマンショックのあった二〇〇八年頃まで、彼ら高額所得者は「ヒルズ族」と呼ばれて世間から大いにもてはやされていたものだ。しかし、その年、この貴富の塔にまで不況の大波が打ち寄せて、ヒルズ族もいまや死語だ。

彼らがまだその栄華の絶頂にあった〇五年のことだ。そのうちのことに名の知られた一人の男に、怪しいガラス瓶が送りつけられた。

ガラス瓶には人間の胎児が詰められており、同じ頃、六本木ヒルズのあるテナントにこんな怪文書が届けられた。

《アッパーロビー利用者の7名のケイエイシャの方々。アンタラのヒトリに心当たり。愛しいプレゼントへのカンシャを込めなさい。女神は全部オミトオシ。瓶詰め息子のオカアチャンハダレカイナ。来月また届けます》

こういう文面に添えて、七つのメールアドレスが記されており、そのどれもがいわゆるヒルズ族のものだったという。

しかし、これでは七人のうちの誰がターゲットかわからない。

そこから一人を特定するには、この怪文書の予告通りに第二の事件が「来月また」起きるまで待たねばならなかった。

――と、ここまで十年以上前の怪事件の概要と解説を綴《つづ》ってきたが、私は、件《くだん》のヒルズ族氏について云々したいわけではない。

私が関心を抱いているのは、そしてこのたび調べたのは、その胎児入りの瓶についてのみなのだ。

なぜなら、それと同じようなものが私の知人に送りつけられたので。

知人から相談を受けて、瓶詰め胎児について様々な方向から調べてみた次第だ。暇を見つけてはあれこれと資料を集めて読み込み、そしてわかったのだが、胎児を詰めた瓶は、中国から東南アジアにまたがる、この日本を含めた広い地域に古くから伝わる呪物だった可能性が高い。

ようするに、先述のヒルズ族氏は、何者かによって呪われようとしていたのだ。そして、私の知人も然り。

私は、彼に「呪われているかもしれないよ」と報告すべきだろうか。しかし呪いではなく悪戯《いたずら》かもしれず、また、呪詛《じゅそ》であっても全然効かず、何事も起こらないかもしれない。むしろ、この現代に呪詛が存在すると信じるなんて、ひどくナンセンスだという気もする。

また、彼と私は、そう親しいわけでもない。だったら変に騒がない方が、彼の心証を損なう心配がないからいいという考え方も出来る。

だが、もしもあれが真正の恐ろしい呪物で彼の身に何か起きたら、そのとき私は自分を責めずにいられるだろうか。でも……と、このように煩悶しつつ、筆を進めることにする。

さて、そのヒルズ族氏が瓶詰めの胎児とはっきりと結びつけられることになった第二の事件は、予告通りそれが遺棄された翌月に起こった。

瓶詰め胎児遺棄事件の約一ヶ月後、〇五年三月のある日、問題のヒルズ族氏が居住するエリアのセキュリティ・ゲートに、サラリーマン風のスーツを着用し、身長一七五センチ前後の男が現れた。男は服装に似つかわしくないサングラスをかけており、サッカーボールぐらいのサイズのダンボール箱を抱えていた。その程度では不審と言うほどでもない。が、居合わせた警備員二名は、人を疑うのが職務なわけで、当然注視した。

すると男は、「×××君に渡して」と言ってダンボール箱を警備員たちの目の前に置いて身を翻《ひるがえ》し、たちまち遁走してしまった。

この「×××君」というのが、ひと月前の怪文書の中で名指しされた七人のうちの一人、ヒルズ族氏のことだった。

×××氏は日本全国知らぬ者とてない超有名人なので、警備員たちにも誰のことかすぐわかった。

箱の中身は何なのか。男の逃げ足は早く、警備員たちは聞いて確かめることができなかった。しかし、箱の上蓋は閉じられていなかった。

もし、きちんと閉じてあったなら、警備員が中身を見ることはなかったはずだ。爆発物である可能性もあり、警備会社のマニュアルで、このような場合は容れ物の蓋を開けてはならないと定められていた。

けれども蓋は開いており、すでに中身は半ば見えていた。

警備員たちは自然に箱の中を覗き込む破目になった。

そのときのことを、彼らのうちの一人は、のちにこう語っている。

「頭蓋骨は本物だったのかと訊かれましたが、あの一瞬ではわかりません。ただ、かなりリアルな感じです。たぶん子供の頭蓋骨だと思うんですが、白いプラスチックの標本とかじゃなく、薄汚れていて表面がデコボコしていて緑がかったグレーというか、石みたいな色で、とても触りたくないような物でした」（ミリオン出版『実話ナックルズ』二〇〇五年八月号）

そう。ダンボール箱の中には、小さな頭蓋骨が入っていたのだ。

このことがあって、先の瓶詰め胎児も「×××君」をターゲットにしたものに違いないと推測されるようになり、二つの事件が一つに繋がったわけである。

瓶詰め胎児と箱詰め髑髏《どくろ》、どちらの事件も麻布警察署が捜査に当たったが、頭蓋骨や胎児の来歴、送り主と運び役をした男の正体、そして彼らとヒルズ族氏との因縁、これらは何一つ解き明かされないまま今に至る。未解決のためか、詳細も未公開の部分が多い。

しかしながら瓶詰め胎児については、ある程度の情報が公開されている。

司法解剖に当たった麻布署によると、胎児は妊娠四ヶ月の男児で、体重は百五十グラム、身長は十七・五センチ。臍《へそ》の緒が付いており、保存液に漬けられていたため腐敗していなかった反面、薬剤のせいで死亡した時期が特定できなかったという。

そして、人種は「不明」であると公表されている。

つまり胎児は日本人ではないかもしれない。そのことから私はタイで起きた三つの事件を思い出した。

二〇一〇年六月、タイのウボンラット郡で、住民から警察に「無人の廃屋から瓶詰めにされた胎児が多数発見された」という通報があり、捜査の結果、胎児の遺体が詰められたガラス瓶が十四本発見された。瓶はどれも保存液で満たされたうえ密閉されており、胎児の保存状態はどれも良好だったという。

その後、この廃屋の持ち主の親戚の女が瓶詰め胎児の〝製造者〟として逮捕、ヤミ中絶医に中絶を希望する女性を斡旋《あっせん》しては堕胎された胎児を安価で買い取り、自ら加工して高値を付け、呪術師や宝くじ愛好者に転売していたことを自供した。女は元看護師で、瓶詰め胎児は「金運のお守り」であるとして販売していた。

この事件は、別件で逮捕され保釈中だった件のヤミ中絶医が逃走してしまった他、それ以外にも複数の人間が関わっていた可能性があるとして、現在も全容が解明されておらず、捜査が続けられている。

そして同じく二〇一〇年十一月。こんどは寺院で二〇〇二体の腐乱した胎児の遺体が発見された。これについては詳細は不明。

さらに、二〇一二年五月にも、首都バンコクで六体の胎児の遺体をトランクに隠し持っていた台湾系英国人の男が逮捕されるという事件があった。

胎児はいずれもミイラ化し、そのうち一部は金箔で覆われていた。

逮捕された英国人は、台湾系のコネクションを利用してタイ在住の台湾人から加工済みの胎児を仕入れていた。そして呪術愛好家の通販サイトにこれを出品しては、仕入れ値の約六倍の高値で売っていたそうだ。

タイでは、「ルークグローブ」と呼ばれる子供などのミイラを用いた「幸運をもたらす」お守り、あるいは「グマーントーン」という金箔を貼った嬰児《えいじ》・胎児の遺体を使った「招財のための」呪物アイテムが、未だに取り引きされている。

「ルークグローブ」は、完全な五体を有する「異常に小さな人間」か「猫」の死産児に薬草を振り掛けるなどして加工してミイラにしたもの。

そして「グマーントーン」は定められた呪文を唱えつつ儀式を行い、儀式の中で妊婦から胎児を取り出して火で焙《あぶ》るなどして乾燥させ、漆で塗り固めて金箔を貼ったもの。

しかし、この種の呪術が生きているのは、タイだけではない。「グマーントーン」と同様のものは中国語圏にも存在し、「金童子」と呼ばれているそうだ。事実、二〇一二年のバンコクの事件には台湾も絡んでいた。

そもそも、死んだ嬰児や胎児を使った呪術は、大陸が発祥の地だという説がある。中国三大宗教の一つ、道教には、「養小鬼」という胎児の遺体を用いる邪法がある。

タイにも台湾にも道教の寺院はある。日本にも、少なくとも四世紀には道教の教えがもたらされたと言われている。かつて道教には強力な伝播力があったのだ。そうした歴史的経緯を鑑みると、道教の「養小鬼」こそが、胎児など子供の亡骸《なきがら》を使った様々な呪術の元になっているような気がするのだが、如何だろうか。

その証拠、というほどのものでもないが、道教の生まれ故郷である大陸の広東省をはじめ、香港、台湾などでも、「養小鬼」が現在でも人気があるという。

富裕層や立身出世を願う野心家の間に「養小鬼」の熱心な愛用者がおり、インターネットを利用した呪術愛好家の国際的なネットワークが存在するそうだ。加工済みの胎児の遺体をネット通販で販売するウェブサイトを、調査するうち私も実際に探し当てた。クレジットカードで胎児が購入できるとは、恐ろしい時代になったものだ。

ちなみに現在、売買の際には死を連想させる「鬼」の字を避けた「善財童子」「招財童子」といった商品名が付けられていることが多いようだ。

ヒルズ族氏に送られた胎児も外国から密輸されてきたものかもしれない。

警察もそうした疑いを抱いたために、わざわざ、胎児の人種は不明であると発表したのではなかろうか。

しかし、あれは確実に外国人の胎児であると決めつけるのは早計にすぎる。

繰り返すが、歴史上道教は日本にも流入してきたのだ。

ならば、タイでそうであるように、日本風にアレンジされた「養小鬼」のような呪術が存在してもおかしくない。

いや、そういうものは、この国にもたぶん在るのだ。


『コトリバコ』という話をご存じだろうか。

『コトリバコ』は、最初、体験談としてネット掲示板に投稿された。

ある山間の集落に代々伝わる呪いの小箱「コトリバコ」。元はといえば、昔、年貢の取り立てなど権力者による弾圧が厳しかった折に、抵抗の手段として村人が集落の外から持ち込んだ呪術によって作られたものだったが、時が経っても呪力が衰えず、また、呪いを解く方法もわからないので、箱が見つかるたびに神社に集め、神主が保管しつつ時間をかけて清めることで呪いの発動を抑えてきたとされる。

投稿主の友人が神主の息子で、あるとき、ひょんなことからコトリバコの呪いを封印する羽目になり、その場にたまたま投稿主が居合わせた——という話だった。

コトリバコの製法描写が「擂《す》り潰して糊《のり》状にした複数の水子（胎児）の血肉で箱の内部を満たす」などと禍々《まがまが》しく、この投稿が注目されはじめた当初は、読んだだけで気分が悪くなる者や呪われたと言いだす者が続出した。

しかし、そんな騒ぎも話題を呼び、今の日本に旧世界の暗闇が忽然と現れて普通の若者たちが闇の力に立ち向かうことになるという筋立ての面白さも相俟《あいま》って、『コトリバコ』はネットで大評判になり、民俗学などの見地から独自に検証する者たちも幾人も出た。

その結果、「あたみな」「多肢《たし》ばこ」といった別名・同種の呪術が日本各地に実在するらしいということが報告された。

だから、ことによるとコトリバコも本当にあるのかもしれないわけだ。この手の投稿には創作物が多いものではあるが。

『コトリバコ』の初投稿日は二〇〇五年六月六日。

ヒルズ族氏を狙った一連の遺棄事件より三ヶ月も前のことなので、事件に触発されて書かれたものでないことは確かである。

また、胎児の死体を使用した呪術であるという点は一致しているものの、コトリバコにはガラス瓶は用いられていない。

箱根の寄木細工に秘密箱という、開けるのに工夫を強いられる一種のパズルのような工芸品がある。似たようなコトリバコは魅力的な仕掛けと外見を備えた文字通り「箱」であるらしい。

手に取って弄《いじ》りまわし、是が非でも開けてみたくなるような「箱」。だが、開けてしまえば最後、開けた本人のみならず、その家の女子供は皆、苦しんだ上に死んでしまうのだという。家の敷地にその箱を埋められただけでも、家に住まう女たちは全員不妊になり、家系が途絶してしまうのだとか。

コトリバコとは、文字通り子孫を奪う「子盗《こと》り箱」なのだ。

胎児を使った呪物について、こんなに調べることになった発端は件の知人男性である。彼は初め「変なものが宅配便で送られてきて、ちょっと困ってる」というSNSのメッセージを私に寄越した。

その「変なもの」というのが「瓶詰めの胎児」で、液体と胎児のようなものがガラス製の容器に詰められているのだそうだ。

彼は「まさか本物じゃないだろうけど。あと、本物だとしても人間の胎児じゃなくて豚とか犬とかのかも」と希望的観測にすがりたいようすだった。

私もまた、面倒なことに巻き込まれるのが厭で、「送り返したら?」などと無責任なアドバイスをしたのだが、送り状に書かれていた住所はデタラメで送り主の名前にも心当たりがないという。では、警察に届ければ……と思ったのだが、彼はそれは面倒くさいと言う。

「捨てちゃおうかな。実はすぐ捨てようと思ったんだよね。でも、うちのマンションのゴミ捨て場って監視カメラで撮られてるから、こんな変なもん捨てられないって思い直した。管理人さんが『こんなのが捨ててありました』って警察に届けたら、俺が捨てたの一発でバレちゃう」

しょうもないことばかり言うと思ったが、気持ちはわかる。液体をトイレに流して、中身は可燃ゴミ、容器は不燃ゴミに分別して捨てればバレないと考えたけれど、それも「開けるのがイヤすぎる」の一言で却下された。

「じかになんか触れない。見るのも怖いから、とりあえず送られてきたとき入ってた箱にしまって物置きに隠してある。そしたら物置きを開けるのが怖いんだ。掃除機が出せない。笑ってる場合じゃないけど笑うしかない」

泣き笑いでそんなことを言うのだった。写真を送ってとお願いしたら、「物置き開けられないのに出来るわけないだろ！」とキレ気味に断られた。

「信じてくれないだろうけど、身におぼえはない。女の人を妊娠させて捨てたんじゃないかと思うでしょ。でも違うから！」

「そんなこと思ってないよ」

「よかった。人に相談しづらくてさ。川奈さんなら話を聞いてくれそうだし、何かわかるんじゃないかと思って。瓶に胎児を入れて送りつけるのって、どういう意味？」

「わかんないよ。でも胎児の瓶詰めが出てくる事件って十年ぐらい前にあったよね？なんなら、ちょっと調べてみようか？」

とは言ったものの、薄情な私は仕事を優先したのである。そのため、あれから二週間あまり経ってしまった。

まさかそれはないと思うけれど、万が一、コトリバコのような呪いがかかっていたら大変だと思い、さっき彼のＳＮＳを確かめたところ、一週間以上、更新が止まっていた。

彼の身に何も悪いことが起こっていませんように。

赤ん坊人形を供養したこと

台東区上野・寛永寺

息子を産んで間もない頃に、赤ん坊と同じ体重と身長の人形が宅配便で送られてきた。

産科に入院中に、ある友人と電話で話しているときに、出生時の身長や体重、名前を訊ねられ、うかうかと喋った。彼女がお祝いのつもりでくれたに違いないが、その人形がなんとなく不気味なので困惑した。

布製で、一種のぬいぐるみだが、持ってみると見た目の印象と違い、ずっしりと重い。何が詰めてあるのか気になる。それに、顔や何かが、どうにも可愛らしくなかった。中途半端にリアルな顔立ちや手足の造作が、正直言って、気持ち悪い。高価なものだろうから、友人には申し訳なかったが、本音では、見た途端に突き返したくてたまらなくなった。

片方の足の裏に息子の名前が刺繍してあるのも、勝手にこの人形を息子の依り代にと決めつけられたような感じも受けて、嫌悪感しか覚えなかった。

こんなものを欲しがる物好きが世の中にいるものなんだろうかと呆れて、インターネットで「赤ちゃん　身長　体重　新生児　人形」といったキーワードで検索してみた。

すると、いくつか新生児と同じ体重や身長の人形を受注販売する工房がヒットした。しかし、どれも友人がくれたのとは違い、ぬいぐるみらしくデフォルメされた可愛い見た目の人形なのだった。

友人が注文した人形の工房は、インターネットにホームページを持たないところなのかもしれないと思った。

まさか彼女が自分で作ったわけではなかろう。

とにかく、贈ってくれたのだからと、取り急ぎ電話で御礼を述べた。

「ああ、無事に届いたのね。良かった。気に入らなかったら捨ててね。ほんとにいいのよ。厭だったら、捨てちゃって！」

電話の向こうの声が、奇妙にはしゃいでいるように感じられた。

友人とはいうもののその頃、私と彼女は少し微妙な間柄になっていた。

以前、私がAVに出演していたときには、とても仲が良い友人だったのだが、私の結婚生活や新しい仕事が順調になるに従い、次第に隙間風が吹いてきたのだ。

彼女は私と同い年で、当時はAVを一応は引退して性風俗店で働いており、不倫の恋愛中でもあり、結婚や出産の予定はなかった。

いつからか私には、そんな彼女の生き方が歯がゆく思えて仕方がなくなってきたのだった。もうすぐ四十になるというのに、まだ裸商売を続けていくつもりなのだろうか、せめて手堅い副業でも始めたらいいのに、と。

さもなければ家族を養える力のある男性と結婚するとか、そうでなければ性風俗に関係しつづけるにしても店を経営する側に回るとか……。

とにかく、中年を過ぎて裸の女一兵卒のままではまずいことになると思わないのか、と心配していた。

おせっかいと言えばおせっかいだが、友人の転落を傍観しているだけになるのは辛い。そこで、今のままではまずいよ、と、婉曲な言い方で彼女に伝えたこともあった。

しかし、彼女が何かまっとうな仕事を始めることがあっても、毎度、ごく短期間しか続かず、好きになる相手は毎回々々、妻子持ちなのだ。

そんなわけで、私は彼女に愛想をつかしかけていた次第だ。

また、彼女がAVを引退してから口にするようになった「まり子ちゃんはいいわね」「まり子ちゃんは特別」というセリフも、なんだか厭だった。

彼女は、私よりも美人で、能力だって高いのだ。たとえば、私なんかよりずっと上手に英語を喋れるし中国語も少し出来る。読書家で博識で、各種のマナーを心得ており、人づきあいも不得手ではない。私はと言えば、社交家には程遠い偏屈な性格で、学歴も低く、ろくに挨拶もお酌も出来ず、世の中出来ないことだらけだ。彼女だって、自分より私の方が本来は劣っていることに気づいているはずだと思うと、「いいわね」と言われても素直に受け止められなかった。

マイナスの感情は伝わりやすいものと見え、だんだん、彼女の方からも連絡を取ってこなくなってきていたのだ。

息子の名前が刺繍されている、新生児のときと同じサイズの人形を、ゴミと一緒にポイと捨てられるものではない。良い気持ちはしないし、それに、捨てることで息子の身に何か良くないことが起こるという呪いがかけられていたらどうする。嬉しそうに「捨てちゃって！」と言っていたのが、何か怪しい。

私は人形を使わないバッグに入れたうえで、クローゼットにしまった。

そのうち、息子はハイハイしはじめた。

当時、私は幾つかのスポーツ新聞や雑誌にコラム連載を持っていたのだが、赤ん坊に授乳しながら仕事をしていると、色々なことがおろそかになった。

クローゼットを何かの用事で開けたら閉め忘れて、しばらく開けっぱなしになることなどザラだった。だからそのときもきっと閉め忘れていたのだろう。気がつくと、息子があの人形で遊んでいた。

息子はすでに人形よりもだいぶ大きくなっていた。何を考えたのか、人形の鼻に噛みつき、しゃぶっている。

「ばっちいからダメよ」

私は息子から人形を取り上げて、代わりのオモチャを差し出した。息子は駄々をこねず、人形への関心を失い、私が渡したもので遊びはじめた。

人形の顔は息子のよだれで汚れていた。ティッシュで拭いても、どういうわけか一部に赤っぽいシミがまだらに残った。

血ではない。顔料が溶けだしたように見えた。

ただし、そのシミが、息子の乳児湿疹の赤いまだらとそっくりなのだった。

気味が悪い。顔を見なくてすむように、私はもう使わなくなった木綿のおくるみで人形をぐるぐる巻きにし、捨てる決意をした。

しかし、ただ捨てるのは恐ろしい。燃えるゴミと一緒に捨てて、もしも息子が火傷《やけど》でも負ってしまったら？

そんなのは、もちろん下らない妄想に違いないが抵抗がある。でも、こういうときのために人形供養という便利なものがあるではないか。

少し調べたら、上野の寛永寺で毎年九月二十五日に人形供養の大法要を行っていることがわかった。

やがて寛永寺で人形供養大法要が行われる日になった。

私は赤ん坊を抱いて、人形の包みを持ち、朝から上野に行った。

寛永寺の人形供養は盛大で、祭壇が設けられ、きらびやかな袈裟《けさ》を掛けた僧侶が幾人も集い、人出も多かった。

指示された場所に人形を持って行くと、何十体も先客があって驚いた。

私から人形の包みを受け取ったお坊さまが包みを解いて、人形たちの間に置いた。

思わず、声を出しそうになった。

こんなに大きかっただろうか？

そう言えば、うちからここまで持ってくるのに、重くて辟易《へきえき》したのだった。

それに顔の赤いシミが消えている。

息子の乳児湿疹も、今はもう綺麗に治っているのだ。

「お子さんが遊ばれたお人形さんには、お子さんはじめ皆さまの念がこもっております。人形供養とは、そんなお人形さんたちに対して、観音様に抱かれて安らかにというお気持ちを御供養という形に表すことで、感謝と真心を示すものです」

初めに、お坊さまが人形供養についてそんなふうに語られた。その後、外の人形供養碑の前でご住職の読経を聴き、ご焼香をした。

しばらくすると、特製の炉で人形たちは次々に荼毘《だび》に付されはじめた。

あの人形も燃やされた。

空に昇る煙を眺めていると、赤ん坊の泣き声が間近でして、うちの子かと思ったら、違った。

しかし、周囲を見渡しても息子以外には赤ん坊は見当たらなかった。

泣き声は、途切れ途切れにしばらく続いた。

先日、クローゼットを整理していたら、供養に出したときに包んでいたおくるみが奥の方から出てきた。

あのとき、おくるみを家に持って帰ってきていたのか。十年も前のことなのでよく憶えていない。なんとなく、とっくに捨てたように思っていた。

人形を包んだときにはそんなことはなかったのだが、久しぶりに見たおくるみはなぜかボロボロだった。布の表面の繊維がほつれ、穴がいくつも開いて、ところどころ引き裂かれている。

虫喰いの跡かもしれないが、赤ん坊人形が出ようとして爪を立ててもがいた痕跡のようにも見えて、背筋が凍った。

十三番テーブルの客

横浜市中区

横浜は個性的で美しい街だ。洋館や外国人墓地、中華街など、古くから開けた港町らしく異国情緒が漂い、潮風が渡る海辺の公園にも、百五十年以上の歴史を誇る商店街にも、どことなく洗練された洒落た雰囲気がある。国内外から観光客を集めるのもうなずけるし、かくいう私も大好きで年に何度も訪れる。

そんな横浜には飲食店も多い。シェフの吉田さんが以前勤めていたレストランもその一つだった。立地が良く、料理やサービスの評判も上々で、遠方からもリピーターが訪れる人気店だったそうだ。

道路に面した大きな店舗で、解放感にあふれた庭があり、店の床面積も大きかった。一階に互いにゆったりと間隔を開けたテーブル席が幾つかと、バーカウンターと個室が一つ。二階もあって、そこにはソファ席と個室が二つあったという。

敷地が広いことにはわけがあった。

この店が建っている土地に、かつて総合病院があったのだ。

何があったのかはわからないが、病院が他所へ移転し、建物を潰して更地にしたところに、レストランを開いた。

レストランの敷地面積は二百坪以上だったというが、元は大型の病院の土地だったのだと聞けば、なるほどと思う。

そんな広い店内で、しかも個室や二階もあるとなると、当然、注文用のチャイムが必要だ。

吉田さんの店で採用したのは、こんな仕組みだった。

まずテーブルと同数の電子チャイムを用意し、それぞれに《1》《2》……と数字を割り振り、テーブルのナンバーと対応させる。たとえば一番テーブルには《1》のチャイムが置かれるというわけだ。そして一番テーブルの客がチャイムのボタンを押すと、バーカウンターの中にある従業員用の表示板に《1》と電光表示され、同時にチャイムが「ピンポン」と鳴る――。

チャイムの設置が必要なテーブルは十卓あった。従ってチャイムは《10》まで用意された。

それは三年前の八月、お盆の頃のことだった。

盆休みで混みそうなものなのに、その日はなぜか空いていて、午後六時頃になっても店内には閑古鳥が鳴いていた。

吉田さんが、バーカウンターの前で、他の従業員たちと「今日は暇だね」などと雑談していると、「ピンポン」とチャイムが鳴った。

反射的に表示板を見ると、そこに点灯していた数字は《13》。

吉田さんたちは首をひねった。

チャイムに割り振った数字は《10》まで。十三番テーブルは存在しないし、《13》が表示されるわけもない。

機械が故障したのかもしれない。吉田さんたちはそう考え、とりあえず表示板のリセットボタンを押した。

その後、七時近くなって、ようやく客が入りはじめた。

まずは人気のソファ席が埋まった。

さっそく、「ピンポン」とチャイムが鳴らされる。

吉田さんは表示板の数字を見た。ソファ席に置かれているチャイムの番号だった。注文を聞くためにソファ席に向かいながら、こうして普通に作動したわけだから先刻《13》が表示されたのは、やはり突発的に機械が誤作動しただけだろうと彼は思った。

それからしばらくは客入りが順調で、チャイムの誤作動もなかった。やがて閉店の時刻が迫ってきた。会計を求める声が次々かかり、みるみるテーブルが空きはじめる。と、あともう少し営業時間が残っているというのに、店内には従業員しかいなくなってしまった。

吉田さんたちは、暇つぶしにバーカウンターのところで雑談しはじめた。

すると、またチャイムが鳴って《13》番が点灯した。

二度目も同じ、存在しないはずの《13》番。

十三という数字は、ルームナンバーや階数表示で十二の次を十四にしてしまうほど、西洋では激しく忌み嫌われている。

イエス・キリストの処刑日が十三日の金曜日だった、いやレオナルド・ダ・ヴィンチ作の『最後の晩餐』に描かれている人の数が十三人だから、そうではなく月数や時間、方位など生活に根付いた基数である十二より一つ多い素数で不調和な数だから等々、これを忌み数とする所以には複数の説がある。

逆に中国では、地方によっては「十三」と「実生」（実るという意）との発音がほぼ同じことから吉数とするといい、日本にも、特にこれを忌み数とする伝統はなかったが、現代では、映画『13日の金曜日』などの影響もあって不吉なイメージが定着している。

吉田さんたち従業員は怖気《おぞけ》を震った。鳴るはずも点《つ》くはずもないチャイムの数字。

しかも、それは不吉な《13》。

おまけに、やらなければよかったのに、店長が一人で店中を回って、すべてのチャイムのボタンを押してみたところ、何度試しても《1》から《10》までしか点灯しなかったものだから、皆、鳥肌が収まらなくなってしまった。

これでは閉店後の片づけにも差し障る。店長は一計を案じ、チャイムを全部回収してしまうことにした。

ところが、チャイムを集めている最中に、またしても「ピンポン」と鳴ったのだ。

「《13》番が点灯していました。しかも今度は、表示板のリセットボタンを押しても、すぐに『ピンポン』と鳴るんです。何度リセットしても『ピンポン』と鳴り《13》がパッと点く。躍起になって繰り返しリセットしても、怒っているみたいに、すぐに《13》番から呼び出しが来る……。僕らは全員ビビッてしまいました」

表示板は、頑固に《13》番を点灯させつづけた。

店内には十三番目のテーブルは存在しない。

それどころか、チャイムは全部、店長が回収してしまったのだ。

第一、客はすでに皆、帰った——目に見える客は。

従業員は、シェフである吉田さんと店長を残して、皆、家に逃げ帰ってしまった。

「僕と店長は、最後まで店に残っていました。そうしたら、店長が、もう明日の開店時刻までは使わないんだから表示板の電源を落としてしまおうと言ったんです。そこで僕がチャイムの表示板の電源をオフにしました。ええ。確かに電源を切ったんですよ。でも……店長が『じゃあ帰ろうか』と言って店の戸口で、店内の照明のスイッチを落としたら、その途端、誰も居ない店内にチャイムの音が響いて、バーカウンターの中で電源を落としたはずの表示板に明かりが点いたんですよ」

真っ暗闇の只中で輝く、《13》番。

「それはもう、血の気が引きましたよ。とくに店長は、本当に文字通り顔が真っ青になるほどで、ちょっと尋常じゃない怯え方をして、店を飛び出していってしまいました。僕も慌てて外に出て……僕はわりとすぐに少し落ち着いたんですけど、店長は店から離れても、まだ全然治まってなくて……とにかく凄い怖がりようでした。もう店の外にいて、道を歩いてるわけだから、まだそこまで怖がってるなんて変だと思って、店長に訊いたんですよ。『いったいどうしたの』って」

すると、店長は引き攣《つ》った顔で吉田さんを振り向いた。

「俺、聞いちゃったんだよ。『早く来い』って、はっきり聞こえたんだよ！」

この出来事の直後、店長と吉田さんは揃って店を辞めてしまった。

しかしレストランは現在も同じ建物で営業を続けているのだという。経営者が替わり、店は改装されて名前も変わった。が、吉田さんの知り合いに霊感がある方がいて、その人がそこに行ってみたところ、まだ何かが取り憑いているように感じたそうだ。十三番テーブルの客は、今でも誰かが注文を取りにくるのを待っているのだろうか。

この国では盆の入りに、地獄霊界、天国霊界、それらの真ん中にある中有霊界から、祖霊たちがこの世に帰ってくるという。

そして盆の終わりには霊魂はあの世に引き揚げてゆくとされているが、地獄霊界から来た者たちの中には、再びそこへ戻るのが厭さに、人や土地に憑き続ける者があると言われている。

ブランコが揺れる

鎌倉市・源氏山公園

二十九歳の夏だった。私は仕事の帰りがけに涼しい夜風に誘われ、寄り道して公園に行った。夜の九時頃だった。

公園は無人で、なのに、ブランコが一台、ゆぅらゆぅらと揺れていた。

驚いて視線が引きつけられる……と、その先に何か落ちていることに気づいた。布のようだ。赤い花柄のハンカチか何かだ。

ブランコは、今の今まで、誰かが漕いでいたのだろう。その人がハンカチを落としたのかもしれない。

私は周囲に呼びかけた。

「誰かいますか？」

返事は無かった。ブランコはまだ僅《わず》かに揺れている。それが癇に障り、少し怖くもあって、私はブランコを止めようとした。

手が届く寸前、ふと落ちているものに目を走らせて、うなじを摑まれたようにギクりとした。

たしかにハンカチのようだが、赤い花柄と見えたのは、赤いまだらの染みだった。血だ。しかも乾いていない。鮮血だ。いや、わからない。絵の具や、あるいはトマトケチャップかもしれない。でも血に見える。

寒気が背筋を這い上がってきて、ブランコに向けて伸ばしかけていた手を引っ込めた。後退《あとじさ》りして、背を向け、小走りに公園を出る。

公園の出入り口のところで振り返ると、なんとしたことか、ブランコがさっきより大きく揺れていた。

それから三日ほどして、当時、編集補助のアルバイトをしていた小さな出版社で私の上司にあたる女性が、前夜、高校生の息子が暴漢に襲われて大怪我をしたと言って会社を休んだ。翌日、出勤してきた彼女によると、息子は夜九時頃、公園の中を通り抜けようとしたところを三、四人がかりで襲われたのだという。バットで殴られ、顔面や鎖骨、肋骨、腕を骨折したが、不幸中の幸いで、命に別条はなく、入院も三日で済んだ。

「なんであんな公園を通ろうとしたのかしら。あそこは、前に強姦殺人事件が起きたのよ。昼間ならともかく、よくまあ、夜に行く気になったものだわ」

もしや、と思い、私は訊ねた。

「どこの公園ですか？」

「うちの近く。ということは、あなたの家からも近いんじゃない？」

彼女に詳しく場所を訊ねると、やはりあの公園だった。私は、三日前の夜のことを話した。

すると彼女は考える目をして、少し黙った。それから、おもむろに再び口を開いた。

「不思議ね。犯人たちが立ち去ってから、息子は意識を取り戻して、ハンカチで顔の傷を押さえたそうなの。それから公園を出て、近くの家に行って助けを求めたんだけど、ハンカチは結局、公園で警察が見つけたのよ。息子は意識が朦朧としていたから、いつどこで落としたのかも憶えてなかったんだけどね」

「でも、私が見つけたのは四日も前です」

「だから不思議なの。それとも、四日前にも誰かが襲われたのかしら」

なるほど。その可能性もあったか。だとしたら、血（？）まみれのハンカチを見なかったことにせずすぐに警察に届け出ていたら……。

そうすれば、警察があの公園をパトロールするようになって、悪い奴らは近づけなかったのではないか。そして上司の息子は襲われなかったのでは。

それに、あの直前にも、誰かがあそこで襲われていたのだとしたら？　あのときなら、まだ暴漢は近くにいて、私が通報していたら、逮捕されていたかも……。

何日間か、私は秘かに後悔した。が、やがて忘れた。元々、薄情な人間なのだろう。日々は忙しく、他人を気遣う心の余裕も無かった。

それからひと月ほど後の日曜日、私は夫と二人でピクニックに行った。早朝から弁当をこしらえ、水筒と一緒に籠に詰めて持ち、近所の野山を散策したのだ。

源氏山公園から山づたいに無計画にどんどん歩いていき、わざとのように迷子になった。私たちは、ことに私は、こういう散歩が好きだった。

適当な所で弁当を食べてしまうと、荷物が軽くなったぶん、無鉄砲さが増した。獣道のようなところまで入り込んで、面白半分に突き進むうちに、藪《やぶ》の中に潜ったようになり、いくらなんでもこのまま歩くのは無茶だから引き返そうかと笑い合いつつ話し合っていたところ、ふいに、ひょっと視界が開けた。

まったく思いがけず、見憶えのある景色が目の前に広がっていた。

あの公園だった。公園の一端が山裾に接していたのだ。たまたま、そこに出てきた。

反射的に、例のブランコを目で探してしまった。

揺れていた。実に厭な感じがすることに、なぜかまたしても一台だけ。

夫もそれに気づき、「誰かさっきまで居たのかな」と呟いた。彼はブランコのところへ行って、チェーンを手でつかみ、揺れを止めた。

思わず目で探してしまったが、血の付いたハンカチは今回は無かった。

「ここで、こないだ、会社の人の息子さんが襲われたんだって。それに、昔、強姦殺人事件もあったんだって」

「えっ。厭だなぁ。そういえば誰も遊んでないね」

「ねえ、私たちも、行こう。なんだか気味が悪いよ。ブランコだって、揺れてたし」

「いや、これは……。でも、そうだな」

夫は顔をしかめてチェーンから手を離した。私たちはそそくさと公園を後にした。

翌日の月曜日、昼休みに上司に誘われて、会社の近所のレストランで一緒にランチを食べた。

珍しいことだったので、折入って話があるのだろうと思った。

食事がだいたい済むと、上司はおもむろに切り出した。

「あの犯人グループ、捕まったんですって」

昨日、警察署に息子が呼ばれ、容疑者を確認させられたのだという。彼は暗いところで急に襲われたため犯人たちの顔も服装もよくわからないと言っていたそうだが、四人組だったことだけは憶えていた。今回、逮捕されたのも四人組なので、警察は彼らを犯人と見て間違いないだろうと言っているとのことだ。

「よかったですね」

「ええ。ところで、あれから、また、あの公園に行った?」

私は昨日、散歩の途中で偶然、公園に入ってしまったことを話した。

「それって何時頃のこと?」

「正確にはわかりませんが、午後二時にはなっていなかったと思います」

「昨日の夜の八時頃だったそうよ、そこで犯人たちが逮捕されたの」

またあの公園で、こんどは近所に住む会社員が襲われたそうだ。しかしこの会社員は犯人たちに激しく抵抗し、揉み合っているところへ、パトロール中のパトカーが通りかかった。

彼女はこんな話をするために私を昼食に誘ったんだろうか。少し不思議に思いはじめたところ、上司は話題を変えた。

「ところで、あのブランコなんだけど、私も揺れてるところを見たの。息子の事件の後で、公園に行ったときに、誰も乗ってないのに揺れてたのよ」

ああ、このことを話したかったのか、と私は腑に落ちた。

「不思議ですよね。あれ。二度とも、揺れてましたから」

「偶然じゃないかもしれない」

「え？」
「以前の強姦殺人事件の被害者は、あのブランコのところに倒れてたんですって。このあいだの土曜日、現場検証のために刑事さんたちと一緒に公園に行ったの。満身創痍の息子に付き添って。そのとき刑事さんが、昔、あそこで被害者が倒れていたんだって話してくれて」

刑事はブランコに向かって手を合わせていたという。上司は真面目な表情で、普段は幽霊など信じないが今回だけは信じると言った。

そういうことがあってから、二年ほど経ち、私は夫と離婚することになった。離婚届を出し、八王子の実家に戻った次第だが、引っ越し前に、鎌倉の地元の女友だち二人がお別れ会を開いてくれて、そのうちの片方の家に招かれた。その家が、あの公園のすぐ近くだった。

友人宅で会話と食事を楽しみ、夜の八時頃、もう一人と連れだっておいとました。まだ日中は蒸し暑い時分だったが、日が落ちると夜風が涼しく心地よかった。
「公園の中を突っ切って行こうよ」と友人が言った。

私は昔の事件のことを話そうと思ったが、うまく言い出せなかった。幽霊を信じるような、おかしな人間だと思われるのが厭だったのだ。そこで結局、友人にくっついて公園に足を踏み入れたのだが――。

またしても、無人のブランコが揺れていた。

傍らの友人もそれに気づいた。そして、声をひそめて私に話しかけてきた。

「やだ。あの人、怪我してる」

私たちしか居ないのに何を言うのかと思い、「人？」と訊き返した。

「うん。ブランコに座ってる、女の人」

「そんな人、居ないよ？」

すると彼女は慌ててブランコをあらためて振り返ったかと思うと、たちまち青ざめた。「嘘っ！　さっき居たのに」

私は過去に強姦殺人事件がそこであったことや、来るたびにブランコが揺れていたことを早口で伝えながら彼女を急《せ》かして、公園の出入り口へ向かった。

あともう少しで出られる、というそのとき。

ガチャリ。と、ブランコのチェーンが鳴った。

友人は大声で悲鳴をあげ、私の腕をつかんで駆け出した。私は転びそうになりながら必死で彼女についていった。

二人とも、いちども後ろを振り返らなかった。

公園からだいぶ離れてから友人に訊いたところ、彼女は、チェーンにぐったりともたれてブランコに腰かけている若い女を見たのだと言った。

女の鼻から下は、血塗《ちまみ》れだったそうだ。

私が見たのは、揺れるブランコだけだ。

思い返すと、頭の奥で今も手招きするようにゆぅらりゆぅらりと揺れているような気がする。

メリーゴーランド

練馬区向山

伊藤さんは三十八歳の会社員で一児の母だ。

子供は娘で、現在五つ。一昨年の夏、遊園地デビューさせて以来、しきりに遊園地に連れていけとせがむようになったという。

そのため、それからの約一年で都合十回は行った。伊藤さんは千代田区飯田橋に住んでおり、最寄駅から大江戸線で乗り換えなく行ける範囲内に二つ、いや、上野公園の小さな乗り物コーナーも含めれば三つも遊園地があるのだ。

「でも、去年行ったときに怖いことがあって、私は遊園地が厭になってしまって。なのに娘は行きたがるから、困ってるんです」

それは二〇一五年七月十三日の月曜日のことだった。

土日は、夫も一緒に家族三人で伊藤さんの実家へ行っていた。実家は神田で、飯田橋の住まいから近いのだが、泊まりがけで遊びにいくことがよくあった。その帰りがけに伊藤さんの両親が、「そういえば明日からお盆だね」と言い、地方出身の夫がきょとんとする、そんな一幕があった。

伊藤さんのご実家では昔から、七月の十三日から十五日に盂蘭盆会《うらぼんえ》を行う慣わしだという。かくいう私の生家も、今ではお盆の行事そのものを墓参り以外やらなくなってしまったが、かつてはそうだった。元々、東京者は七月にお盆をやったのだ。ところが、世間ではいつのまにか八月に盆休みを取ることがあたりまえになってしまい、次第にその雰囲気に呑まれて東京のお盆はひと月後に延ばされていったというわけだ。

三十代後半の伊藤さんぐらいが、東京の盆が早かったことを記憶に留めている最後の世代ではあるまいか。

七月十三日は、そういうわけで江戸っ子の盆の入りだったが、たまたま伊藤さんの勤めている会社の創立記念日でもあった。

伊藤さんは、沿線にあるうちでいちばん大きな遊園地へ娘を連れていくことにしたのだが、前の日に実家で話したばかりだったので、なんとなく朝から「今日はお盆だ」と意識していた。

ちなみにその日は全国的に猛暑日だった。

この稿を起こすにあたって気象庁の記録を確認してみたところ、東京は当夜、この年（二〇一五年）最初の熱帯夜に見舞われている。

朝から焦げつくように暑く、開園時刻の十時ちょうどに入園した伊藤さん母子は予定を変更して、園内のプールで水遊びをすることにした。

「本当は、小さい子向けの乗り物で遊ばせて、屋台のもので簡単にお昼ご飯を済ませたら、うちに引き揚げるつもりでした。でも、あの日は朝からとんでもなく暑かったでしょう？　それに、遊園地のある駅の構内や、乗っていった電車の中で楽しそうなプールの広告を見ちゃいましたからね。娘もですけど、私自身、プールで遊びたくなっちゃって……」

着いてすぐ、伊藤さんは園内の売店で水着と日焼け止めを買った。娘は新しい水着を気に入り、しきりと伊藤さんに写真を撮ってもらいたがった。

流れるプールや波の出るプール、子供向けのプールなどで遊び、プールサイドでお昼ご飯を食べた。午後になったが、娘はまだ遊びたがり、伊藤さんも、せっかく来たのだからと、もう少し居ることにした。

「私も浮かれてたんだと思います。夫をびっくりさせようと思って、娘と写メを撮って、夫の昼休み頃に、いきなり送ったりしたんですよ。夫は娘に夢中ですから、今年の夏初めてのプール遊びを一緒に出来なくて悔しかったみたい。残念がって、私に、たくさん写真や動画を撮ってきてくれって」

伊藤さんは娘の写真や動画をいくつも撮った。しかし、幼児をそう遅くまで連れ歩くわけにはいかない。暗くなる前に買い物を済ませて帰宅しようと思えば、あまりのんびりしていられず、午後三時半頃になると、そろそろプール・コーナーから出なければと考えだした。

着替える前に、まずは娘と交代でトイレに行こうとした。娘に先に済まさせて、そこで待っているように言い聞かせ、自分も用を足す。ところが、個室から出ると娘の姿が見えない。伊藤さんは慌てた。

幸い、娘はすぐに見つかった。トイレから近い、小さい子向けの浅いプールにしゃがみこみ独りで遊んでいた。ホッと胸を撫でおろす。そして伊藤さんにこう告げた。

呼ぶと、娘は顔を輝かせて飛んできた。

「ママ、お友だちができたよ」

三、四歳の子供というものは、遊園地や公園で少し会話をして数分遊んだだけの相手を「お友だち」だと認識することが珍しくない。「あら、そう」と応えて、伊藤さんはあたりを見回した。「お友だち」に、「仲良くしてくれてありがとうね」と言ってあげようと思ったのだ。

しかし、それらしい子供が見つけられない。

「どの子?」と訊ねると、娘は、さっきまでいた子供用のプールを振り返り、「あの子」と指差した。

そちらの方には小さな子が大勢いた。そのせいで、娘が指しているのがどの子なのか、わからない。

そこで、「何色の水着の子？」と娘に訊ねたが、娘の答えは「色は忘れた」「ふつうの水着」などと、さっぱり要領を得なかった。

「それで、もう出るんだし、まあ、いいや、と。娘もあっさりしたもので、バイバーイってそっちに向かって手を振って、私についてきました」

シャワーを浴びて、更衣室で着替えた。たったそれだけのことでも、小さな子供を連れているとやたらと時間を取られるものだ。伊藤さんたちがプール・コーナーから出たときには三時をとうに過ぎていた。

お昼寝をさせそびれたことを伊藤さんは反省し、せめて早く夕食を食べさせて八時には寝かせようと考えて、娘を急《せ》かした。

しかし、件《くだん》の遊園地では、園の出入り口の近くにメリーゴーランドがあるのだった。帰るためには横を通らねばならない。

娘はメリーゴーランドに乗りたがった。四歳児にも乗れる数少ない乗り物のひとつで、しかも最近、身長制限をクリアして付き添いなしで乗れるようになったばかりとあっては無理もなかった。

「独りでお馬にまたがって乗れることが、まだ自慢で、嬉しくてしょうがないみたいで、毎回、乗りたがるんです。そこで見ててねって言って、走って行っちゃうんですよ」

伊藤さんは、娘をメリーゴーランドに乗せてやることにした。娘はいちばん外側の列にある白い馬を選んでまたがった。内側の隣の馬は空いていた。

やがて、メリーゴーランドが回転を始め、伊藤さんはスマホで動画を撮影しはじめた。娘がしきりと隣の馬の方を振り返るのが気になったが、虫でもいるのだろうと思い、そのときはあまり気にとめなかった。

ところで、その遊園地のメリーゴーランドは、日本に現存する最古のメリーゴーランドなのだそうだ。

一九〇七年にドイツで造られ、当時は世界最大のカルーセル（メリーゴーランド）だったという。第一次大戦前にアメリカに渡った後、日本に移築されたのが一九七一年で、世界的に貴重な文化遺産として二〇一〇年八月七日に『機械遺産』に認定された。木製の二十四体の木馬、ゴンドラ、馬車、天使や女神などが、その頃全盛だったアールヌーボー様式の豪華な手彫り彫刻で施された立派なものだ。

私自身も、幼児の頃にあれに乗った記憶がある。心躍る体験だった。黄金や純白に塗られた優美な彫刻や、深紅の緞帳、大きな鏡などに囲まれた空間は、そこだけ絵本に出てくる西洋のお城のようで、馬にまたがって揺られると、王子さまと一緒に馬に乗っている白雪姫や眠り姫を思い浮かべずにはいられなかった。

幼い日、メリーゴーランドは夢の世界だった。


メリーゴーランドが回る。伊藤さんに娘が手を振ってきた。

伊藤さんはスマホで動画を撮りつつ、片手で娘に手を振り返した。

浮世離れしたオルガン曲が鳴っていた。メリーゴーランドの音楽は少し不気味で退廃的な感じがすると伊藤さんは思うのだが、娘は満面の笑みで、揺れながら回ってゆく。自分がまたがった馬が伊藤さんの前を遠ざかると、娘は正面に向きなおった。

その刹那、娘の横顔が中央の鏡に映った——と、同時に、娘の奥にいる別の子の頭も鏡に映っていたように見えて、伊藤さんは慌ててスマホから目を外し、肉眼でメリーゴーランドを確認した。

娘の小さな背中が遠ざかる。内側の隣の馬は、やはり空いている。

気のせいだろうと思ったが、伊藤さんはなんだかゾクゾクしてきてしまった。そういえば、さっきはプールで「お友だち」が誰だかわからなかった。

今日は盆の入りだし……。

しかし、すぐに馬鹿なことを考えるのはよそうと思い、気を取り直して、また回って近づいてきた娘をスマホのレンズで捉えた。

娘はまた手を振ってきた。笑顔を弾けさせ、心の底から楽しんでいる。

あんな単調でスリルに欠ける乗り物を、ここまで純粋に楽しめるのは今だけだ。いつもなら無邪気な娘が可愛くて、撮りながらニヤニヤしてしまうところだが、今回は鏡が気になった。

さきほど映ったのは何だったのか。メリーゴーランドの柱に取りつけてある鏡に乗っている人が映るわけだが、ずっと映っているわけではなく、馬が上にせり上がったときだけ映って、すぐ下に引っ込んで映らなくなる。おまけに、そもそも鏡に字や何かがペイントされているため映っているものがわかりづらくもある。

だから、やっぱりさっきのは何かの見間違いだろうと思ったのだが、奥の馬がせり上がると再びそれは映った。

小さな子供の頭だった。幼児に特有の瑞々《みずみず》しい光沢のある黒髪を生やした、ちいちゃな頭。大人だったら座高が高いので、顔まで鏡に映っただろう。しかし、それは頭のてっぺんしか映らなかった。

伊藤さんはスマホを取り落としそうになった。撮影を中断し、メリーゴーランドの回転に合わせて、娘の後を追おうとした。なぜか、娘が危ないと感じていた。しかし慌てて足をもつれさせ、転倒してしまった。

膝をしたたかに地面に打ち、足首も少し痛めた。

ようやく立ち上がったとき、再び娘が回転するメリーゴーランドの向こうから現れた。

「それで、私はまたスマホを構えました。あれは絶対に気のせいだから、こんどこそ何もおかしなものは見えないから大丈夫だとか、なんか頭が破裂しそうに、ワーッといっぺんにいろんなことを考えて……」

歯の根が合わないほど震えている伊藤さんの前へ、回転する木馬が娘を連れてくる。たゆたうように上下に揺れながら。

隣の馬も揺れながら回ってきた。少女を乗せて。

娘と同じくらいの年頃の白っぽいワンピースの女の子が、娘の方を向いて、馬に乗っていた。スマホの画面だけを見ていたら、そこにそういう子がいるとしか思えなかった。眉の上で前髪を切り揃えた、おかっぱ頭の子だ。

でも、スマホから顔を離して肉眼でメリーゴーランドを見ると、そんな子は居ない。

娘は女の子の方を向いて、何か話しかけていた。あの子には見えているのだと伊藤さんは思った。

そして、メリーゴーランドは止まった。降りてきた娘に、伊藤さんはおそるおそる訊ねた。

「隣のお馬さんに、お友だちが乗ってなかった？」

娘は笑顔でうなずいた。

「乗ってたよ。プールで会った子だよ。でも、どっか行っちゃった」

馬を降りて振り返ると、もうそこには居なかったのだと娘は言った。

「スマホの画面では、最後は透き通っていくみたいになって、消えていったように思ったんですが」

伊藤さんは、怖くて独りではその動画を見ることができなかった。夫の帰宅を待ち、一緒に見てもらうことにした。もしも映ってなかったら夫には馬鹿にされるだろうが、少女が存在しなかったことが明らかになる方が、ずっと怖がっているよりマシだった。

伊藤さんが遊園地での出来事を話すと、夫は、陽にあたりすぎて一時的に頭がおかしくなっていたのだと言って笑った。

本当にそうだったらいいと伊藤さんは心から願った。

しかし、少女は映っていた。

一周目と二周目は、鏡の中に頭だけが。

そして最後の周では、娘の隣の馬にまたがって、画面の奥から現れてきた。

こちらへ回ってくる。

音楽に乗せて、娘と並んで、揺れながら来る。

娘がスマホのまん前まで近づいたところで、メリーゴーランドが止まった。その子は、馬から降りながら、みるみる姿を薄れさせていったのだという。

オルガンの楽曲が止んだときはまだ、少女の姿は動画に映っていた。足が床に着く頃には見えなくなっていたそうだ。

「うちの子もそうですけど、四歳くらいの子だと、ああいうのから降りるのに、けっこう苦労するんです。その子もよいしょよいしょという感じでモタモタ降りて……ちゃんと床に降り立つ前に、消えちゃいました」

私は、その動画を是非とも見たかったのだが、残念なことに、伊藤さんは夫に言われて、データを消去してしまっていた。

「持ってると〝貞子〟みたいにこっちに来るぞって脅されました。幽霊なんか絶対に信じないタイプの人だったんですけど、動画を見せたら、私よりも怖がっちゃって、消せ消せって大騒ぎ」

夫のお陰でこちらは少し怖くなくなった、と伊藤さんは笑った。

彼女の夫が特に怖がったのは、馬から降りる直前に女の子がチラッと伊藤さんの方を見る場面。しかし、伊藤さんによれば、そのとき女の子は可愛らしく微笑んでいたのだとか。

「うちの子と同じで、メリーゴーランドを楽しんでたんだと思います。消えてしまうまでは、生きてる子供と変わりませんでした」

プールで撮った写真には、女の子の姿は映っていなかった。

「水着を買ってあげたせいもあって、また、あの遊園地に行ってプールで遊びたいと娘が言うんですけど、私は、当分の間はあそこは行きたくないんですよ。それに遊園地そのものが……とくにメリーゴーランドが、あれ以来、なんか怖くって。だけど、どの遊園地に行っても、娘は必ずメリーゴーランドに乗りたがるに決まってますからね」

伊藤さんは溜息をついた。

空き家じゃなかった

鎌倉市梶原

二十代の半ば、鎌倉に住んでいた頃、うちの近くで火事があった。

冬、寒さの厳しい夕暮れ時に、消防車のサイレンが間近で盛んにするので外に出たところ、空に立ち昇る黒煙が見えた。

とても近い。木端《こっぱ》の焼ける臭いが漂ってくる。

隣の家族も表に出てきて、煙の方へ歩きはじめたので、なんとなく付いていった。行列になって、うちから十メートルほど離れた雑木林の脇を通る階段を下りてゆく。ほどなく炎が目に飛び込んできて、階段を下りきったところにある家が燃えているのだとわかった。

空き家だとばかり思っていた、古い木造の平屋だ。平屋のすぐ傍にある物置小屋も燃えていた。物置と平屋、どちらが火元かはわからない。火と火が繋がり、ひと塊になって炎と煙を噴き上げている。

火勢は凄まじく、やがて平屋のある敷地に隣接している二階建てアパートの住人も、消防隊員に誘導されて外に逃げ出してきた。

魅入られたように眺めていた。隣家の人々や、他の近隣の住人も同じである。皆で阿呆のように三十分以上、雑木林の横の階段に立って、消火活動を見下ろしていた。

火事はアパートの壁の一部に延焼して、ようやく消し止められた。着の身着のまま寒空に放り出されたアパートの住人たちの中には地べたに膝をついて泣いている者もあり、蒼白な顔で携帯電話を掛けている者もあった。たいへん痛ましいようすだがどうすることも出来ない。近所の人たちがそれぞれ引き揚げていく中、私も家へ帰ることにした。

その直後、背後でつんざくような悲鳴があがった。

「人が出てきた!」

屋根も燃え落ち、全焼した平屋の瓦礫《がれき》の中から、黒焦げの人物が這いだしてきたのだった。

空き家じゃなかった。

——と、そんなことがあった明くる日の午後、偶然、家の近くで昨日も見かけた顔に会った。うちの斜め向かいに住んでいる、この辺りでは古株の女性だ。

挨拶もそこそこに「昨日は凄かったですね」と話しかけてきたので、私が立ち去るとき彼女がまだあそこに残っていたのを思い出し、「焼け跡から出てきた人は、どうなったんでしょう」と気になっていたことを訊ねた。

すぐに亡くなったようだ、とのことだった。

遠目にもまるで消し炭のようになっていたので、予想通りの答えだった。

その人は、あれは焼けた家のご主人なのではないかと言った。

十年ほど前までは家の主である老人が暮らしていたが、いつのまにか姿が見えなくなった。とっくに引っ越したものと思っていたが、実はずっと住んでいたのだろう。

自分の知り合いで、老人と、昔、親交のあった人によると、あの平屋には地下室があったらしい。そこに隠れていたので、逃げ遅れもしたが、家が燃え落ちてもなお、息があったのではないだろうか――と、そんな話を聞いた。

その日のうちに件《くだん》の火災現場の横を通る用事が出来た。

焼け跡は一面、ブルーシートで覆われていたので、亡くなった人の痕跡などは見えなかった。

やがて、そこは更地になり、アパートの修繕工事も済んだ。数ヶ月もすると、空いていた土地に家が建てられた。こぢんまりとした二階建ての家だった。

噂《うわさ》によると、なんでも、こんど新しく建ったのはあの焼け死んだ老人の息子が家族と住む家で、彼は父親がしていたアパートの大家の仕事を継いだのだということだった。

老人が、アパートを経営していたことは知らなかった。だったらそれほど貧しかったはずはないのに、まるで空き家にしか見えないボロ家に隠棲していたのは不思議なことだ。

新築の家には、前には無かった花壇やガレージが備えつけられた。植木屋が来て庭木などが入り、しばらくすると跡継ぎ息子が家族を連れて越してきた。それから間もない頃に一度、雑木林の横を下りてそばを通りかかったら、庭でバーベキューをやっていた。

仲の良さそうな四人家族で、二人の子供たちはどちらもまだ小学生くらいだった。毛の長い小型犬が、はしゃいだようすで子供らのまわりを跳ね飛んでいる。ガレージには真新しいワゴン車が収まっていた。

ところが、それからしばらくして、その家の雰囲気がおかしくなってきた。まず、ガレージに車があるところを見かけなくなった。次いで、花壇の花が枯れた。庭が荒れ放題になってきた頃には、いつ見ても家の窓のカーテンがすべて閉ざされたままになっていた。留守にしている印象である。

火事から一年余りで、跡継ぎ大家の新しい住居は、かつてそこに在った平屋ほどボロくはないが、空き家めいているという点では同じになった。

そんな矢先、私は、もらい火をしたアパートに住む人を取材することになった。デザイン専門誌の仕事で取材を申し込んだ北村さんというイラストレーターの女性が、偶然そこに住んでいたのだ。

アパートを訪ねて記事に必要な質問をしたのち、以前あった火事のことと、大家の家族のことを話題に持ち出してみた。

すると、彼女が火事の前からこのアパートに住んでいたことがわかった。

北村さんも、アパートの大家はいつのまにか引っ越しており、あの平屋は空き家になっているものだとばかり思い込んでいた。

しかし、火事のあった日の朝、彼女は大家の老人を見かけたのだという。

彼女の部屋の窓からちょうど斜め下に、大家のうちの掃き出し窓があって、ガタガタ音がするので見てみたら、ガラス戸を開けて老人が顔を覗かせたところだった。

面変わりしていて最初は誰かわからなかったと北村さんは言った。しかしよく見たら、ずっと前に見たことがある大家さんに違いなかった、と。

久しぶりに家のようすを見に来たのだろう。そのときはそう思ったそうだ。

そして同じ日の夕方に火事があったわけだが、その後、北村さんはアパートの他の住人と何度か話をするうちに、大家は実はあそこにずっと住んでいたのだと確信するようになった。

驚いたことにアパートの住人は皆、バラバラの時期に大家を見かけていた。何年も前だったり数ヶ月前だったり、あるいは何日か前だったり。見た時間帯も、朝の人もいれば真夜中の人もいて、色々なのだった。大家は滅多に外出しなかっただけなんじゃないかと北村さんは推理した。

火災から半年ぐらい後、亡くなった大家の息子という人が挨拶に来た。

そのとき聞いた話では、アパートの実質的な経営はずいぶん前から息子さんが任されていたということだった。このたびアパートの地所を含めて父親の所有地をすべて相続したので、それまで妻子と一緒に住んでいた家を売却して移ってきた、ここに骨を埋めるつもりだ、と、彼は北村さんに話した。

それを聞いて、私は現在のあの家のようすを思い浮かべずにはいられなかった。一家に何かあったのだろうか。事故か、事件か、家族の病死か。

突然、不幸に見舞われて、仕方なく出ていってしまったのだろう。

ところが北村さんは、そうではないと思うと述べた。

四人家族が全員揃って家に引き籠っているのだろう、と。

なぜなら北村さんは、たまに彼らの気配を感じるのだそうだ。

犬の鳴き声が、ときどき聞こえる。子供たちの姿を見たこともある。

北村さんに手招きされて窓に近寄ると、あの家の二階が同じ高さにあるのがわかった。あちらにも窓があり、ここから十メートルも離れていない。

たまに窓ガラスが開いたり、カーテンが動いたりするのだという。子供たちが顔を覗かせたこともあった。顔色は悪くなく、健康そうに見えたが、北村さんが話しかけても応えようとしないそうだ。

あの家の前を通りかかったとき、たまたま玄関がちょうど閉まろうとするところだったこともある。新しい大家とその妻の背中が、閉じかかったドアの内側に見えた。そのときはよっぽど話しかけようと思った。しかし彼らは北村さんから逃げるように素早く家の中に入り、すぐにバタンとドアを閉めてしまった。

「どうして籠っているんでしょうか。本人たちに訊いてみたいけど、訪ねて行く勇気がなくて。それはやっぱり、怖いから」

北村さんは怯えたような眼差しを窓の外に投げ掛けた。

家賃は銀行振り込みなので大家と会う必要はないと彼女は言った。だから彼らが家に引き籠っている理由は、わからないままだという。

気味の悪い話だ。そう思っていたら、どこかで犬の鳴き声がした。キャンキャンと吠えている。小型犬特有のカン高い声だ。

「大家さんとこの犬ですよ」北村さんは窓ガラスの向こうを指差した。

彼女と二人でしばらく見守っていたが、あちらの窓は閉まったままで、窓辺のカーテンも揺らめきもしなかった。

地面から生えた蔓草が壁を覆うように這いのぼり、二階の窓枠にまで達して、絡みついている。

人の気配はまったくしなかったが、小犬はカン高い声でしばらく鳴きつづけ、ふいに、口を塞がれたように鳴きやんだ。

首は何処へ

八王子市・国道16号線

私が子供の頃というと、一九七〇年ぐらいから八〇年代前半にかけてということになるが、当時は暴走族の時代でもあった。

少女期を過ごした八王子市には「スペクター」という巨大な暴走族グループが根城を張っており、私が中学生の頃には「スペクター参上!」「スペクター八王子支部」というカラースプレーの落書きが町のあちこちで見られた。

インターネットも無い時代、八王子の町はずれは今よりずっと田舎だった。また、郊外に住宅を買ったホワイトカラーが子供たちを躾《しつ》けるやり方は一律に今よりずっと厳しかったように思う。

だから私の周囲では、中学生は渋谷や原宿なんて一度も行ったことがなくてあたりまえだった。私が通っていた中学では、都心の繁華街に何度か遊びに行ったことがあるなどと吹聴したが最後、「不良」のレッテルを貼られてしまったものだ。門限にうるさい家が多く、ほとんどの子が親の許可無しにはバスや電車に乗ってはいけないと言い渡され、そして滅多に許可してもらえなかったのである。

私も、電車で三駅先にある塾に通うほかは、家を中心とした狭い徒歩圏内で生活していた。私の行動範囲の半分が狸《たぬき》や野鳥が棲《す》まう山、残りが平坦な建て売り住宅街と、あとは大型トラックと暴走族が埃を蹴立てて往き来する国道周辺だった。

そんな私にとって――いや「私たち」と言うべきだろう、この辺に住む良くも悪くも平均的な子供らにとって、好き勝手に何処へでも走っていける暴走族というものは、憧れを潜めた畏怖の対象だった。

暴走族はレイプや傷害、器物損壊などの犯罪を日常とし、爆音はやかましく、恐ろしい。

でも、彼らは私たちが知らない自由の風を纏《まと》っているように見えた。

中二か中三の頃のこと。あるとき、近くの国道で暴走族同士の事故があった。事故として処理された殺人というか殺し合いだったのではないかと思うが、そんなことは当時は珍しくなかった。

彼らが金属バットや鉄パイプを公然と携えて道路を疾駆していてもお咎《とが》めが無かった最後の時代で、頻繁に喧嘩という名の殺し合いが勃発していたのだ。

その事故も、オートバイにまたがった少年たちが鉄製の得物で互いにど突き合い殴り合いつつ国道を並走するうちに起きたもので、何名かが死傷し、うち一名は即死だった。

その即死したライダーが、当時流行していた都市伝説「首無しライダー」の末席に名を連ねることになった。

彼は対向車線を走ってきたトラックに夕焼け空高く跳ねあげられ、二十メートルも宙を飛んだ。そして道路に叩きつけられ、傷ついた体の上を何台ものオートバイや車が轢《ひ》いていった。

現場を目撃した私の同級生男子の話では、その結果、「ほぼバラバラ死体」になったそうだ。

ちなみに同級生の家は事故現場の目の前の国道沿いで、ちょっと怪しげな旅館を営んでいた。家業は傾きかけており、両親は仕事と資金繰りに忙しく、彼は塾に行かせてもらえず、つまりは暇だったので、同じく暇な一つ上の兄と一緒に国道沿いをブラつき、暴走族が通るのを待ちかまえていたらしい。

バラバラ死体が即製されるのを目撃して兄弟は震えあがったが、好奇心も掻き立てられた。自分らは事件の目撃者だから、すぐにも手帳を持った刑事に話を訊かれるだろうと期待した。

石原プロの『太陽にほえろ！』『西部警察』が人気だった時代の少年たちにありが

ちなことだが、テレビの刑事ドラマの影響をもろに彼らも受けていた。

同級生と兄は恐ろしさに震えながらも、不謹慎に目を輝かせていたはずだ。

これは大事件に違いない。兄弟はそう思っただろう。なにしろ、暴走あり乱闘あり、倒れて呻《うめ》いている暴走族の少年たちが何人もいて、そしてバラバラ死体が転がり、道路のアスファルトには血が流れていたのだから。

すぐに救急車とパトカーが飛んできて、道の両脇には人だかりが出来た。

ここまではドラマと同じ。次は刑事さんたちが颯爽と登場して、そのうちテレビのレポーターもやって来て……と、兄弟は想像を膨らませたのだが。予想に反して、彼らは警察官たちにまるで無視された。

それどころか、兄弟はノラ猫を追い払うようにシッシッと退《の》かされた。兄は弟の手前もあって、プライドを傷つけられたようだ。恨めしそうに警官たちを睨んでいたという。けれども目撃者の証言を取れと警官に迫るほどの勇気は無く、弟を引き連れて所在なく事故現場の周辺を歩きまわることしか出来なかった。

事故の現場では、騒ぎが一向に止まなかった。怪我人はすみやかに搬送されたが、その後も何かまだワーワー言っている。

しかし、近づいていってもどうせまた追い払われるだけだ。

そのうち兄は道端の自動販売機のところへ弟を連れていった。ポケットから小銭を出して、ジュースを買い、事故現場を遠く眺めつつ悔しさもろとも飲みほして、缶を捨てようとしたとき、彼らは気づいた。

自販機の近くの植え込みの根もとに、ヘルメットが転がっている。フルフェイス型で、いかにもバイク乗り風の黒と原色のバイカラーが非常に格好良いヘルメットが一つ、ゴロンと。

暴走族にほのかな憧憬を抱きつつ、することもなく徘徊していた兄弟である。拾わない方が不思議だ。兄が弟に「拾えよ」と命じた。

ジュースを買ってもらったばかりである。私の同級生は、植え込みのそばに屈《かが》んで腕を伸ばし、ヘルメットに手を掛けて引き寄せた。

そのとき、やけに重いと思ったのだという。引っくり返して顎紐をつかもうと思っていたけれど、その体勢では片手で裏返すのは無理そうだった。

そこでそのままズルズルと舗道まで引っ張ってきた。

舗装された平らな地面に乗っかると、ヘルメットは自然に転がり、それまでは見えなかった前面のファサードの側を上に向けた。

そして彼は、ヘルメットの中にあった顔と一瞬目が合ってしまった。

――のちに、同級生の兄はこう推理したそうだ。

あれは事故のあった方角から飛んできて、自販機にぶつかり、植え込みに落ちて、重さで枝をしなわせて地面に落ちたに違いない、と。

きっとその通りだろう。トラックに跳ねられたときか、その後、何台ものバイクや車に轢かれたときか、どのタイミングでかはわからないが首が千切れて、ヘルメットに収まったままスポーンと飛んでしまったとみえる。

兄弟の悲鳴を聞いて駆けつけた人々により、首は回収された。ずっと大騒ぎしていた理由は、遺体の首が見つからず探していたからだったのだ。

今度こそ、同級生たちは警察官に話をすることが出来た。

が、テレビのレポーターは来なかったし、この件は新聞に載ることすらなかったそうで、彼はとてもがっかりしていた。

国道を首無しライダーが走りはじめたのは、事故から何日か後のことだった。

暴走族ウォッチャーは同級生とその兄ばかりでなく大勢いた。彼らが噂《うわさ》の発信源になった。

夕暮れ時、暴走族が何十台とオートバイや改造車を連ねて国道を走る中に、一台、首の無いライダーが駆るバイクが混ざっているのだという。

皆を追い駆けるようにしんがりを走っていたという者もあれば、地獄へ引率するかのように先頭に居たという者もあり、群れの中に混ざっていたという者もあった。

首が抜けてヘルメットごと飛ぶという実際あった事故のことを、目撃者たちが知っていたかどうかはわからない。

その頃、日本全国各地に首無しライダーが現れていた。そういう都市伝説があったのだ。

本当に首を失くしたライダーが出たことで、有名な伝説が、死からわずか数日後という猛スピードで八王子の片隅に走ってきたというわけだ。

首無しライダーの都市伝説の発端は、一九八一年に日本で公開されたオーストラリア映画『マッドストーン』だという説がある。

この映画の中に道路に横に張られたピアノ線でライダーの首が切断される場面があり、これが、暴走族対策として近隣住民が道路に張ったロープが原因でバイクの転倒事故が起きたという現実の事件のニュースとミックスされた結果、以下のような都市伝説が出来たというのだ。

《ピアノ線の罠でライダーが首を刎《は》ねられた後も、しばらくの間オートバイは首の無いライダーを乗せて走りつづけた。彼は地縛霊になり、今でも彼が命を落とした路上に取り憑いている。首無しとなっても生前と同じようにオートバイを駆って道路を走りながら、失った自分の頭と、彼を殺した犯人を捜している》

地方によって幾つかバリエーションがあり、全員の首が無い「首無し暴走族」の目撃譚や、平将門ばりにライダーの首が空を飛んでくるという伝説も生まれた。

平将門公といえば、その首級は平安京の都大路で晒《さら》されたが、三日目に飛び上がったかと思うや東方へ向けて空を駆け、故郷に戻ったという伝承が有名だ。

将門公の首塚は数ヶ所あるが、わけても有名なのが東京都千代田区大手町にある首塚で、この地の住民は長らく将門公の怨霊に苦しめられていたという。

現在でも首塚は聖地として、その周辺にビルディングを建てて営業している企業の有志によって崇めたてられ、大切に祀《まつ》られている。

そこへいくと、首無しライダーは暴走族の時代が過去のものになるにつれ、次第に忘れさられようとしているように思えるのだが、どうだろう。

首は何処へ。

将門公の首は飛び上がって大空を渡ったが、逆に、内側に潜って隠れてしまった場合もある。

これは最近、聞いた話だ。

電車の人身事故は日常茶飯事。だから電鉄会社の職員は、各部が千切れ飛んだ悲惨な死体の回収作業にも慣れてしまうのだとか。

怖がっていたら電車が動かせず何億円という大変な損害が生じてしまうのだから、どうしたって慣れざるをえないのだ。

そこで轢断された肉体の一部を淡々とトングで拾い集めるわけだが、とある事故の際、どうしても亡骸《なきがら》の頭が見つからないことがあった。

肩までは手足も指も揃った。しかし首だけが見当たらない。どこを探しても無い。早いところ電車は動かさねばならぬ。職員総出で必死で捜し回ったが、ホームにも線路にも落ちていない。

あと捜すところがあるとすれば、無残なことになっている死体だけだ。黒いビニール袋に大半が収まっており、それ以外には胴があるきりの。

頭は無い……と思いきや、胴体の首の付け根から背中に掛けて、ようすが何やらへんである。

大穴が開いている。しかも腹の奥までずっとトンネルみたいに洞《うろ》が続いているような気配だ。

まさかと思ったが、この穴の奥に頭が収まっているとしか考えられないので、職員たちは作業を打ち切った。

検死の結果、やはり頭は亡骸の腹の中にすっぽり嵌《は》まり込んでいたそうだ。

ダンジョンの女

多摩市落合

二〇〇八年頃のことである。藤田さんは、小学一年生になったばかりの長女に入学祝いを贈ることにした。そして、長女が前々から行きたがっていた東京都多摩市にある屋内型テーマパークへ連れていく計画を立てた。

件《くだん》のテーマパークの運営会社は可愛らしいキャラクターグッズを数々開発しており、多くのキャラクターの著作権を有している。同社の製品は、ことに女の子に人気がある。藤田さんの長女も次女も同社のキャラクターのファンだが、これは小学校にあがった子だけの特権だからということで、妹は妻と家でお留守番をさせることにした。そして、まる一日、藤田さんはナイトとして、レディに接するように長女のエスコートに徹するのだ。

娘は大喜びした。

彼女は父親の藤田さんのことを、彼がヒョロリと背が高くて飄々とした雰囲気があることから「のっぽ」という愛称で呼んでおり、日頃から非常になついていた。しかし、これまで父子水入らずで出掛けたことはなく、これが初の親子デートになる。また六歳前後の子供、ことに女の子は大人扱いされたがるものだ。

娘の上機嫌な顔を見ると、藤田さんも嬉しくてたまらなくなり、彼女がやりたがるアトラクションに次々付き合った。園内狭しと遊びつくして、最後に、RPGゲーム風のアトラクションに入った。

娘もよく知っているキャラクターがダンジョンの奥で囚われの身になっており、それを助けに行くという設定だ。ダンジョンは薄暗く、ランプの明かりをたよりに、内部の十数ヶ所に掲示されているナゾナゾを解きながら奥へ進んでいかねばならない。

藤田さんたちは、ダンジョンの入口でランプを受け取り、勇気をふるって探検に出発した。勇者になりきり、「○○ちゃんを助けなきゃ!」などと言いながら。

ナゾナゾはどれも易しくて小一でも解くことができ、娘は達成感を覚えたようだった。嬉しくて嬉しくて、初めは少し怖がっていたのにすぐに夢中になり、進んで先に行きたがる。

やがて二人は、中央に巨大な羅針盤がある広い部屋に辿《たど》りついた。部屋の壁に複数の出口が開いており、ここがゲームの分岐点だとわかる。

そのとき娘が「ねえ、のっぽ」と藤田さんの腕を引っ張った。屈《かが》んでやると、彼の耳もとに口を寄せてヒソヒソ囁きかけてきた。

「あのおねえちゃん気持ち悪いね」

藤田さんも、部屋に入った瞬間からおかしな女性がいることに気づいていた。服装や髪形はこれといった特徴もなく普通なのだが、真ん中にある大きな羅針盤に背中をもたれさせて体育座りしているのだ。死んだ魚の目をして、じぃっとして動かない。

それだけでなく、その女性はランプを持っていないようだった。ランプは、アトラクションの入口で強制的に渡されて、持っていなければ入れないはずなのに。

さらに、テーマパークのスタッフが彼女に注意をしないことも奇妙に感じた。ダンジョンの各所にスタッフがいて、利用客の質問に随時答えてくれるばかりでなく、誤った行動を取らないようチェックの目を光らせていたのだ。

この羅針盤の部屋にもスタッフがいたが、件の女性には注意しようとしない。ランプを持っておらず、ゲームの設備にもたれて座っているというのに、スタッフはそちらに目を向けることすらしないのだから、変である。

あれは頭がおかしい人なのだろう。暴れられると事だからあえて放っておいているのだとしたら気持ちはわかる。藤田さんは娘に「見ちゃダメだよ」と囁いた。「目を合わせちゃダメ」と言うと、娘は素直に彼に従い、その女性を無視してゲームを続けた。そして二人はダンジョンから脱出することに成功した。

出た途端、娘は目をキラキラさせて「のっぽ、もう一回やろう！」と藤田さんにせがんだ。彼は付き合った。すると、また「もう一回！」とねだられて、結局、彼は娘と一緒にダンジョンを三周した。

そのたびに、羅針盤の部屋で例の女性を見かけたが、娘を怖がらせてはいけないと思い、そちらに注意を向けさせないよう気を配っていた。幸い、娘はもう女の方は見ようともせずはしゃいでいる。

しかし彼は三回も同じゲームをすると、さすがに飽きた。ナイトに徹すると決意していたが、日頃の疲れもたたりはじめ、四周目をせがまれたとき「のっぽは疲れちゃったから少し休むよ」とギブアップを宣言した。

「頑張って一人で行っておいで。待ってるから」

娘は喜び勇んでダンジョンに飛び込んでいった。

藤田さんは娘の成長ぶりを嬉しく思いながら、出口のところで待った。怪しい女は気になるが、これまでなんともなかったのだ。さっきまでのように目を輝かせて出てくるものだとばかり思っていた。

ところが娘は青い顔をして彼の前に現れた。何があったのかと慌てる藤田さんに対して、「やっぱり、あのおねえちゃん気持ち悪いよ！　次は一緒に入って。のっぽ、お願い！」と訴える。

真剣な顔で乞われて、藤田さんは、あと一回だけという条件で一緒に入ってやることにした。

正直、気が進まなかった。

疲れたからというばかりでなく、彼自身、あの女性のことが怖くなってきたのだった。考えてみれば、最初にあの女性を見てから三十分ぐらいか、あるいはそれ以上時間が経っているのだ。それなのに、まだスタッフにどかされもせず、同じ場所に座りつづけているなんて……。

やがて藤田さんは、娘と手をつないで、羅針盤のある部屋に入った。

あの女性は、初めに見たときとまったく同じ姿勢、まるで同じ無表情で、座っていた。藤田さんは心底ゾッとして、娘に再び「あれは、見ちゃいけない人だ」と言った。

しかし今回は彼が本気で怯えていることが娘に伝わってしまったようで、娘も怖そうな表情になった。

けれども、泣きもせず健気に、「わかった。見ないようにする」と娘は藤田さんに応えた。

するとその直後、スーッと女性の姿が薄くなりはじめた。そして煙のように消えてしまった。

藤田さんは咄嗟《とっさ》に「忍術だ！」と娘に言った。「さては忍びの者だったんだな！

のっぽも忍者なんて初めて見たよ。凄いな！」などと言って誤魔化そうとした。

無理があった。娘は納得せず、「もうおうちに帰りたい」と言い出した。

しかし、まだ日も高いというのに、最後に怖いことがあって、そのまま真っ直ぐ帰るのもなんだか悔しい。そこで、藤田さんはテーマパークを出ると、近くのファミレスに入った。

テーブルの上に粗塩があった。ファミレスのテーブルには普通は食卓塩が置かれているものだが、なぜかここのは天然の粗塩。珍しい。

藤田さんは、天の声に「これで清めなさい」と告げられたように感じた。

そこで、「一〇〇パーセント大丈夫になるおまじないだ！」と言うなり、粗塩を手に取ってパァッと長女の頭の上から振り掛けた。

次に粗塩を娘に手渡し、藤田さんに掛けさせた。親子で粗塩を掛けあったわけである。

「清めの塩だ！　悪霊退散！」

そのときは悪いものを祓《はら》わなければという一念で、必死だったという。

「塩で清めただけでは足りないような気がして『この店はこんなに混んでるから、誰かに憑《つ》いてくれるはずだ』と娘に話したんだから、今思えば、ひどい父親ですよね」

と藤田さんは私に話した。

しかし娘は次第にワクワクしてきたようだった。不気味な女が目の前で掻き消えて、父親があれは忍者だと言ったかと思えば、塩で悪霊を祓ってくれたのだ。これはテーマパークでは経験できない本物の大冒険である。娘は家に帰ると開口一番、「今日、あたし、のっぽと幽霊を見たのよ！」と母親と妹に自慢したということだ。

そのテーマパークは今も営業を続けているが、藤田さんたちが怪しい女に遭ってしまったダンジョンはすでに撤去され、別のアトラクションに取り替えられている。藤田さんは知らなかったが、実は、テーマパークがある界隈には昔から幽霊目撃談がとても多い。インターネットの掲示板やSNSを浚《さら》うと、その種の噂話《うわさ》や体験談をいくつも見つけられる。

ここの土地を開発するにあたって、小川や井戸などの水脈がだいぶ埋め立てられたそうだ。そのせいで障りが生じて怪異が現れているのだというまことしやかな説がある。しかし、そんなことを言ったらお台場あたりはどうなるのか。

理由はわからないが、霊に好まれる土地というのがあるのかもしれない。霊に好かれる人も、いるのだと思う。藤田さんは怪しい者たちに遭遇した経験が他にも数々あるのだそうだ。正直、あまり羨ましくない。

タクシーの夜

港区南青山〜麻布十番

二〇一六年の二月に起きた出来事だ。住んでいるマンションの前で、私は手をあげて通りかかったタクシーを止めた。まだ午後五時にならなかったが、すでに日は落ち、群青色に沈んだ景色の中で赤い空車のランプが目立っていた。運転手は五十がらみの男性で、会社で定められたブレザーをきちんと着込み、白髪が目立つこと以外、これといって特徴のない外見の持ち主だった。

外見よりタクシーの方が彼の個性を主張していた。運転席の座席の後ろから後部座席の方に向けて、弁当箱ぐらいの大きさの籐編みの籠が吊り下げられていた。籠の中には個包装された飴が入っている。「いちごミルク」や「カンロ飴」といった、どこのスーパーでも売られているポピュラーな飴がこんもりと。

私は運転手に行き先を告げた。

「麻布十番へ行ってください。墓地中《なか》を通って斎場の角を左折して……」

墓地中というのは地元の住人と、この界隈の地理に詳しいタクシー運転手の間でだけ通じるスラングで、青山霊園の中央にある交差点を指す。運転手でも新人だと知らないが、幸いその運転手はベテランだったようで、私がすべてを言い終わらないうちに後を引き取ってくれた。

「突きあたりを右で、六本木トンネルを抜けていけばよろしいですね。鳥居坂下から右折しますか」

そうしてもらうことにした。私は背もたれに背中をつけてくつろいだ姿勢を取ろうとした。すると、すかさず運転手が言った。

「お客さん、もしよかったら、そこの飴をつまんでください」

私は「ありがとう」と言って、飴をひとつ取った。が、すぐに舐める気はしなかったので、持っていたバッグの内ポケットにしまった。

そして、あらためて背もたれに体をあずけてリラックスした。

タクシーが走りだした。

「ちょっと変なことを聞いてもよろしいでしょうか。……お客さん、もしかして、昨日もこの車に乗りませんでしたか」

そう運転手に訊ねられたのは、墓地中で信号待ちをしているときだった。

「いいえ」と私は答えた。彼は納得しかねるようだった。

「おかしいな。実はさっきからずっと、そうじゃないかなぁと思って、チラチラ見てたんですが、見れば見るほどお客さんにそっくりだから。昨日の夕方四時半すぎですよ。それから、夜の十一時すぎ。ええ、偶然二回もお乗せしました。それで、珍しいこともあるもんですねとお話しして、手袋をお返ししたんです。ちょうど今、お客さんがはめているような灰色の手袋でした」

たしかに、そのとき私は灰色の手袋をはめていた。エレガントな細身のデザインで気に入っており、近頃はどこへ行くにも持ち歩いている。しかし工場で作られた既製品であり、同じ手袋をはめた女は世の中に大勢いるのに違いなかった。それにしても同じ人物を二度も拾うとは珍しい。

「返したというと、初めに乗ったときに落としていったんですか？」

「ええ。降りられてすぐ気がついたんですけど、姿を見失ってしまって。ところがその人がまた乗ってきたんですよ。ちょっと凄いでしょう」

「ええ。滅多にないですよね、そんな偶然は」

「そうですよね。そういうことがあったし、それに、ショートカットで少し個性的な綺麗な女の人だったし、なんと言っても昨日の出来事ですから。まだ顔をはっきり憶えてるんですが、あれはお客さんだったと思うなぁ」

運転手はお世辞までまじえて熱心に話し、どうにかして私に昨日の女だったと認めさせたいようだった。しかし、違うものは違う。

「違いますよ」

「そうですか。昨日も、夕方んときは、同じように墓地中を通って斎場の角を曲がって行ったんですよ。ちょうど今通ってる道ですよ」

運転手はハンドルを切り、タクシーは斎場のある角を左折して下り坂に入った。

ここからは、あと五分ぐらいで麻布十番に着く。私は手袋をバッグにしまい、財布を取り出して千円札や小銭がちゃんと入っていることを確かめた。

坂を下りきったところに信号がある。車が止まり、目を上げると、赤になっていた。バックミラーの中で運転手と視線がぶつかった。

私を見ていたのだと思った。探るような眼差しに戸惑いを覚え、彼を少し不気味に感じた。

「夜にお乗せしたのは、ここでした。……昨日の話の続きですが」

「ここ？」

右が斎場で、左が霊園の角、突きあたりは住居ではない何をやっているのかよくわからないビルで、人が出入りするところを見たことがまるでない。

ようするに、人通りの少ない、寂しい交差点だ。

昼間ならジョギングや犬の散歩で近隣住人が通るかもしれないが、夜更けてこんなところを独りきりで歩く女性がいるだろうか。この辺には男のホームレスが徘徊していて、近所に住んでいる者なら皆そのことを知っている。

「こうやって信号待ちをしていたら、助手席の窓を叩かれたんです。乱暴にじゃありませんよ。女性らしく控え目に、優しくコンコンと。でも心臓が口から飛び出しちゃうかと思いましたよ。助手席の向こう側っていったら、ほら、そこですよ。墓地の木がこんもり繁って真っ暗になってるところの前です。窓を叩かれるまでは、そこに人が居たなんて全然気づきませんでした。それが、音がして、見たら、掌《てのひら》をガラスに張りつかせて女性が覗き込んでいるんですから、思わず叫び声をあげそうになりました」

女は暗がりから現れ、助手席の窓をコツコツと叩いた。運転手が振り向くと、窓ガラスに片手を置いて運転席を覗き込み、「いいですか」と訊ねた。

運転手はギョッとしたが、すぐに気を取り直して後部座席のドアを開けた。

ドアが開くと、自動的に車内照明が点灯する。

照らしだされた女の顔を見て、運転手は再び驚いた。

それは、夕方このタクシーに乗って、手袋を忘れていった女だった。

「こんどは麻布十番の仙台坂へ行ってくれって。途中までは夕方んときと同じ道ですよ。せっかく麻布十番に行ったんだから、ずっと居ればいいものを、青山に戻って、またあっちに戻っていくなんてって思うでしょ。ねえ。でも、まあ、そういうことは勘繰ってもしょうがないし。それで、まあ、さっき言ったように手袋を返して、で、会話に一区切りついたら、その人が、仙台坂には幽霊が出るんだって話しはじめたんです。『仙台坂といえば、運転手さんはご存じですか。幽霊が出るんですよ。首の無い赤ん坊をおぶった女の幽霊が、泣き叫びながら凄い速さで坂道を駆け下りてくるんですって』……って」

その話なら、麻布十番の郷土史料集のようなもので読んだことがあった。

地元住民に伝わる言い伝えで、さまざまなバリエーションがあるようだ。母子の幽霊であるという点は一致しているものが多いが、女の幽霊が単独で現れるという話や、追い駆けて襲ってくるという話もある。

そう言えば、この先の六本木トンネルにも幽霊譚があったはずだ。

今、通りすぎてきた青山霊園にも。

信号が青になり、六本木トンネルがある右方へハンドルを回しながら、運転手は話を続けた。

「そんな話は聞くし、凄い偶然はあったしで、私は何だかおっかなくなってきちゃって、怖いのを誤魔化そうとしてね。青山墓地で乗せた女の客は幽霊だったたって有名な怪談があるけど、お客さんはちゃんと足がついてますかって冗談を言ったんです。お足が無いのは困りますよって。本当に、あのときは笑ってもらいたかったですよ。寒気がしてたから」

ところが、私とよく似たその女はニコリともせず、こう言ったそうだ。

「私が幽霊だったらどうします。これから行くのはお寺ですよ」

運転手は声真似し、バックミラーに一瞬目をやった。

私は鏡越しに苦笑して見せ、「それで」と先を促した。

「そりゃもちろん、私は縮みあがって、お客さんやめてくださいよ、と。こんな時間にお寺さんに行くなんて、悪い冗談言っちゃいけませんって。そう言ったら、一応、ごめんなさいって謝ってくれたんですけど。そんなに怖がらないでって。だけどね、その後の一言が最悪で……」

運転手は再び私の反応を探ろうとした。

良いタイミングで怖いことを言って、私を脅かそうというのだろう。乗ってあげてもよかったが、その一言がどんなものだったのか、私にはだいたい察しがついてしまった。

そこで、バックミラーで彼と目を合わせたまま、彼が言う前に、思いついた台詞を口にしてみた。

「帰るだけですから」

運転手は悲鳴のような声で「勘弁してくださいよ！」と叫んだ。

「そうじゃなくても、私はまだお客さんが昨日の人じゃないかって疑ってるんだから！　やっぱり昨日の人なんだ！　そうでしょう！」

「違いますよ。ごめんなさい。驚かせすぎちゃいましたね」

「本当に違うんですか。そっくりですよ！　声まで似てる！」

「そんなに……。でも、私じゃありませんよ。それで、その人を仙台坂の近くのお寺に連れていったんですか」

「ええ。二の橋の先にあるお寺でした。そこで降ろしました。……お客さんは鳥居坂下を右ですね」

「はい。商店街の通りに出たところで降ります」

「承知しました」

間もなくタクシーは目的地に到着した。私は会計をしようとして、うっかりして小銭を落としてしまった。百円硬貨が一枚、床を転がって前の座席の下に入りかけた。

咄嗟《とっさ》に屈《かが》んで座席の下に右手の先を差し込んだ。

「大丈夫ですか」と運転手に訊ねられ、百円玉を捕まえることに成功した私は「ええ、なんとか」と答えたが、その瞬間、指先が何か柔らかいものに触れた。なんだろうと思い、座席の下から手を引き抜くついでに、深く考えずにそれを引っ張り出して見てみて——背筋を凍りつかせた。

女物の灰色の手袋だ。

私が引き摺り出したものを見た途端、運転手の顔はうっ血したように赤黒く変色して膨らんだ。

手袋を見つめ、「あ、これは」と言ったきり、絶句している。

私は彼に手袋を押しつけ、釣銭の無いように料金を料金皿に放り込み、急いでタクシーを降りた。

その後、麻布十番で用事を済ませながら、いったいどういうことだろうかと私はひとしきり考えた。

女物の灰色の手袋を、彼は誰かに返したが、受け取った主が再び落としていったのか。

あの手袋は、落としてあったのではなく、彼があそこに隠していたということもありうる。でも、いったい何のために？

まさか、女性客を殺して戦利品を座席の下に隠した——などということは、ないと思うけれど。

まったくわけがわからないが、たしかなのは、この出来事には二つの偶然が存在しているということだ。

私と同じ外見の女が、同じ場所からタクシーに乗るという偶然。

それから、灰色の手袋。

運転手は、私がはめているような灰色の手袋だったと言った。そしてそれは座席の下から出てきた。誰かに返されたはずだったのに。

そう、あれは私がはめていたのと同じ商品だった。大量生産品で今期発売されたデザインとは言え、偶然の度が過ぎているように感じる。

用が済み、また私はタクシーを拾った。こんどは麻布十番から自宅の方へ帰るのだ。

麻布十番に来たときから二時間ぐらい経っていた。夜の帳《とばり》が今や完全に下り、気温もグッと下がっている。

道端でタクシーを待っていたのはほんの二、三分だったが、早くも凍《こご》えかけていた私は、後部座席のドアが開くと暖かな車内にそそくさと乗り込もうとした。半身を入れるか入れないかで、運転手の方を見もせず「青山霊園の方へ行ってください」と告げる。

すると運転手がいきなり大声を発したので、びっくりして彼の顔を見て、私も悲鳴をあげてしまった。

往きの車と同じ運転手だったのだ。

「お客さん、勘弁して！　四回目なんて無しですよ！　申し訳ないけど降りて！　乗せられませんよ！　怖いから！」

異論は無かった。私だって怖かった。いったい何が起きているんだろう。

そのタクシーを降り、すぐ後に続けて来た別のタクシーに乗った。

前方の騒ぎを見ていたのだろう。すぐに「どうしました」と運転手に訊かれた。

乗車拒否されるようなことを何かしたのかと疑われるのは心外だ。

そこで私は、「話せば長くなりますが」と前置きして、さっきのタクシー運転手から聞いた話も含めて、今日の出来事をすべて打ち明けた。

誰かにさっさと話してしまった方が恐怖が薄まるようにも感じて、喋りだすと止まらなくなり、飴を一つもらったことまで話した。

「奇妙なお話ですね。不思議だなあ！　その手袋も、結局返していなかったのか、また忘れていかれたのか、謎ですね。冬は忘れ物が多くて、よく落ちてるんですけどね。手袋に限らず色んなものが……。こないだなんか、靴を忘れていかれましたよ。脱ぎたてのホヤホヤの革靴でした」

こんどのタクシー運転手は怖い話の語り部ではないようだと、大いに安堵しながら、調子を合わせた。

「そんな大事なものを落としていく人がいるようじゃ、もう何が落ちていても驚きませんね。鞄とか」

「鞄なんか当たり前。今さら驚きません。何が驚いたって、女性用のパンティが置き忘れられてたのにはびっくりしたけど。しかも使用済み！　おっと失礼」

「いえいえ。面白いです」

「本当の話ですよ。私の同僚なんか、犬を置き忘れられたって。犬ですよ！　なんでもありです。まあ、お客さんも忘れ物には注意してくださいね。ところで、もう霊園まで来ましたけど、ここからはどのように？」

「墓地中を通って、根津美術館の交差点を右に曲がって、小学校の横あたりで降ろしてください」

「はい。かしこまりました。……そうだ、お客さん、飴をもらったとおっしゃってましたよね。その飴、食べない方がいいと思いませんか。なんか悪いものをもらっちゃいそうじゃないですか。何もかもただの偶然なんだとしてもね」

「たしかに」

私はマンションに入ると、エレベーターに乗る前に、建物の端にあるゴミの集積場に立ち寄った。

そしてバッグの内ポケットを探ってみて、またしてもゾッとする破目になった。

飴が三つあったのだ。

私と同じ手袋をはめ、私がそうするように、もらった飴をすぐには食べず、バッグにしまう女がいるのだと思った。

彼女は、二回同じタクシーに乗り、その都度、飴をもらった。

そして夜中に墓地からお寺に〝帰って〟いった。

私は飴を三個ともゴミバケツに捨てた。

私は、今ここにいる、過去から現在へと記憶が連続したこの私だけだ。そうに決まっている。

しかし、あれから何日か経つのに、そのことに関して未だに完全には自信を取り戻せずにいる。

私は二重人格なんだろうか。

でも、よくよく考えると、例の女が私だとすると、運転手に押しつけた分の手袋が一双、宙に浮いてしまう。だから、やっぱり別人に違いない。

ならば、ドッペルゲンガーというものだろうか。

ドッペルゲンガーと出逢ったら死んでしまうそうだから、もしそうだったのなら、今回はニアミスで済んで幸いだったわけだ。

それとも女は幽霊で、あの運転手は化かされていて……。

さもなければ彼はやはり私のと同じ灰色の手袋の女を殺していて、以来、異様な妄想に取り憑《つ》かれて……。
どの想像も真っ暗闇で行き詰まり、あの夜から一歩も先に進めない気分である。

辻に建つ家

三郷市・撮影スタジオ

埼玉県三郷市は東京都心部への通勤圏内で、JRの駅から近い市の中心部には昭和の終わり頃に開発されたベッドタウンがある。宅地として整備されたのは三十年以上前になるが、家々の多くは、一度か二度の建て替えもしくは大がかりなリフォームを経ていて、見苦しくない外観を備えている。

一方で、空き地や駐車場も目立つ。ここに昭和に入植した第一世代から第二世代へ、うまく家土地をバトンタッチできないケースが少なくないのだ。

高い相続税、職住接近を指向する最近の傾向等など、さまざまな原因に阻まれて、子や孫世代が土地を手放す。老朽化した家は取り壊され、更地になり売りに出される。しかし、子世代が住みたがらなかった土地が容易に売れるかというと、当然なかなか売れない。そこで、少しでも土地を活用しようと、月極駐車場やコインパーキングにする。

こうして、虚しい空隙《くうげき》が虫喰いのように町をむしばんでゆく。昨今、郊外でよく見られる風景だ。

その家も、土地の古さを物語るのは丈高く育った庭木だけで、家屋は築十年にも満たないように見えた。

角地に建てられており、一方の隣は狭い空き地で、路地を挟んだもう一方は駐車場だった。空き地を隔てた向こうには二階建てのアパートが建っている。あと一方の隣には、最近、飲食店が出来た。が、そこは夜には無人になった。

つまり、この家には隣り合う住居が無かった。そのため、住宅街にありながら、ひどく孤立した雰囲気を醸していた。

もっともそれは、蔦に覆われた高い塀と、繁りすぎた庭木のせいでもあった。木々で隠されて、外の通りからは家の大部分が見えないほどなのだ。住人が居れば、大幅に枝を刈り込む必要があると思うはずだ。しかし、ここには住む人がいなくなって久しく、庭木で半ば覆い隠されていることは現在の使用目的には適《かな》っていた。

建て替えられて間もない頃から、この家は、テレビドラマやAVの撮影用のハウススタジオになっていたのだ。木々の目隠しは、ことにAVを撮影するときには好都合だった。

二〇〇一年の終わり頃のことだ。

マネージャーに伴われて門をくぐると、鬱蒼と繁った庭木の陰に白い二階家があった。なかなかの豪邸である。

「今朝ここに着いてからいきなりビデオカメラが故障して、今、ADに代わりを取りに行かせてるので、先に庭でパッケージ用の写真を撮影します」

着いて早々に制作スタッフからそう聞かされた。

衣装とメイクを整えて庭に出ると、薄暗さに驚いた。師走だったが、抜けるような晴天の朝である。空は明るい。

「木のせいだな」とカメラマンが呟いた。

カメラマンと私とメイク係、そして監督の計四人で庭を歩き、撮影に適したところを探した。塀から外には出るなと言われていた。AVの撮影隊は、近隣住民に蛇蝎《だかつ》のごとく嫌われているからだ。

そこで、私たちは家と塀の間をうろうろした。

どこも冬だというのにやけに湿度が高く、陰気な雰囲気が漂っていた。

とくに家の裏手は、酷《ひど》くじめじめして黴《かび》臭かった。そこの壁に、地面すれすれの高さで、横に長い嵌《は》め殺しのガラス窓があり、屈《かが》んで覗いてみたら、半地下にバスルームがあって、バスタブが見えた。

そうこうするうち、幸い、良い場所を見つけることが出来た。

さっそく撮り始め、たちまち撮り終えた。

カメラマンが庭石をテーブル代わりにして道具を片づけだし、私たちは彼をそこに残して建物の中に入ろうとした。

「あれ？」

声に振り向くと、カメラマンがカメラを手に顔を曇らせている。

「今、ちょっとそこに置いただけなのに。しまう前にもう一度チェックしようとしたら、なんか急に液晶が真っ黒に……」

「ビデオカメラに続いて、こっちもか！」

「いや、監督。もう一つのカメラは無事だし、データは保存されてるから大丈夫ですよ。しかし参ったなぁ。……やっぱり、このスタジオはヤバいな」

その後、控室で共演する男優と会話した。庭でのことを話すと、彼は声をひそめて、

「知らなかったんですか？　ここ、幽霊が出るって有名ですよ」と言った。

「まず、ここには半地下になってる変なバスルームがあるんですが……」

「あっ、そこ知ってる。さっき外から見たわ。裏庭の方よね？」

「そうそう。それで、あそこの窓から、女の人が覗くんです」

「ええっ？　それって、覗き魔が近所に住んでるってことじゃない？」

「違いますよ。だって、逆さまになってるんですよ。その女の顔」

「怖っ！」

「そりゃもう……。上から髪の毛が下がってきたと思ったら、ニューッと、赤黒く膨らんだおばさんの顔が、おでこの方から現れてきて、飛び出した目でギロギロッと覗いてくるんだから、オシッコちびりそうになりましたよ」

「えっ、あなたが見たの？」

「ええ。前回来たときに一度。浴槽につかってたら……。それで、大慌てで風呂から出て、控室で他の男優に言ったんです」

「逆さになったオバサンが出たって？」

「そう！　黙ってると余計おっかないじゃないですか？　そしたら、ここで同じオバケを見たことがあるっていうのが何人もいて、びっくりして……」

「他の男優さんたちも見てたんだ？」

「男優だけじゃなく、女優さんもですよ。しかも、バスルームのおばさんだけじゃなくて。そのとき聞いた話では、庭に、天辺《てっぺん》が平らになった円い庭石があるんですが……」

「ちょっと待って。その石って、さっきカメラマンさんが一瞬置いただけでカメラが壊れちゃったヤツだと思うんだけど！」

「ああ、物を置いちゃダメですねぇ。座るのは、もっとマズイって言いますけど。体の具合が悪くなったり怪我したりするらしいですよ」

「へえ。なんでだろう？」

「あの石の上には、お爺さんが座っているんですって」

「うわぁ、『青頭巾』（*）みたい！　なんでそんなとこに？」

「知りませんよ。とにかく、幽霊だらけなんですよ、この家。二階の寝室にも若い女の幽霊が出るし、子供の幽霊を見たって人もいるそうです」

「ここで何があったのかしら？　一家心中？」

「さあ。わかりませんが、何かあったんでしょうね。地縛霊って知ってます？」

「うん。死んだ場所に取り憑いてる幽霊でしょ？」

「そうとは限らず、想い入れの強かった場所に憑くらしいですよ。この家は地縛霊だらけなんですよ」

そんな話を聞いたが、その後の撮影は、まずまず順調に進んだ。

代わりのビデオカメラを取りに行かされていた若いＡＤが、戻ってきてほどなく姿をくらましてしまったことは、トラブルのうちに数えられるかどうか。彼がいなくなるのは、これで三度目だ。前のときは二回とも、しばらくするとひょっこり出てきた。そして二度とも、いなくなっていた間どこで何をしていたのか、また、なぜ消えたのか、彼は説明できなかった。

今回の話のすぐ後で彼は監督に辞表を提出して業界から去っていった。三度目の正直でついに懲りたのだろう。

AVに使われる手頃なレンタル料のハウススタジオやマンションスタジオには、自殺や殺人などが起きたいわくつきの物件が珍しくない。霊感が強かったり臆病だったりする人には、AV業界は向いていないのかもしれない。

この撮影のときは、私も不思議なことを体験した。

電話を使う場面が台本にあり、リハーサルのときに演技をしながら受話器を耳に当てたところ、「プーッ」と音がした。

本番でも、やはり「プーッ」と鳴っていた。

固定電話はそういうものだから、別に何とも思わなかった。ところが撮り終えてから、この電話機はあくまで小道具であって、コードが電話回線に接続されていなかったことを知った。

音が鳴るわけがなかったのだ。

さて、今回この稿を執筆するにあたって問題のハウススタジオがあった場所について少し調べてみたところ、興味深いことがわかった。

当初、私は一家心中事件がここで起きた可能性を疑っていた。

中年の女性、高齢な男性、若い女性、複数の子供の幽霊が出没するというのだから、そういう家族構成の一家が無理心中したのではないかと推理したのだ。しかし、どれだけ調べても、そんな事実は出てこなかった。

ただし、この家の周囲では過去から最近に至るまで、奇妙な、あるいは残酷な事件がいくつか起きていることがわかった。

《一九八八年、このハウススタジオから目と鼻の先と言える近くの路上で女子高生が誘拐された。少女は、翌年、東京都江東区の空き地でドラム缶にコンクリート詰めされた惨殺死体になって発見された》

《一九九五年、地元の市議会議員が、同じ市内の病院に入院中に、病室のベッドの上で果物ナイフで腹部を刺されて死亡。発見時にはすでに亡くなっており、また、遺書なども無かったが、鑑識の結果、「自殺」であるとされた》

《二〇一三年一月、空き地を隔てた隣の二階建てアパートで、母子家庭の親子三人が無理心中。母親は三十五歳、子供は八歳の長男と六歳の長女。子供らを絞殺した後、母親は首を吊って自殺した》

《二〇一五年十月、家の裏手の県道で、中年女性が車にはねられたうえ約六〇m引きずられて死亡する凄惨な轢き逃げ事件が発生》

さらに、このハウススタジオについても、以前私が訪れたときには気づかなかった点を、あらためて二つ発見することが出来た。

一点は、家の敷地の角に、小さな祠《ほこら》が建てられていたこと。

土台などを見ると、新しいものではなさそうだ。門や表玄関のある方とは反対側、つまり家の裏側にあり、しかも出るなと言われた塀の外に建っていたため訪れたときには目に入らなかったようだ。

祠とは、神を祀《まつ》る小さな殿舎のことで、小祠《しょうし》、小堂ともいう。

神の依り代、すなわち神の家。それが祠だ。

敷地の中の祠は「屋敷神」と呼ばれる家の守り神で、多くはお稲荷様を祀っているそうだ。屋敷神は、通常、塀の内側に置かれる。それに対して、ここの祠は塀の外側に、屋敷に背を向ける格好で建てられている。

そのことだけで、これは屋敷神とは別のものだと断じるのは軽率だろう。

しかし、もうひとつの理由から、私はこれは家を守るのではなく、別の目的で設置されたものに違いないと確信している。

その理由とは、あらためて気がついたことのもう一点、この家が四つ辻に建っているという事実に根ざしている。このハウススタジオの敷地は、十字路で四分割された土地のうちの一つだが、残り三つは、飲食店の駐車場、空き地、個人宅の駐車場で、住居になることを避けたかのような状況なのだった。

——決してこの辻に留まってはならぬ。

そう警告する声が聞こえるような気がした。

ご存じのとおり、辻や三叉路には、よく祠が建てられている。

それは、古来、辻はあの世とこの世の境目で、霊道があり、霊が多く集まってくる場所だという民俗的な伝承が存在することに因《よ》る。

霊は仏であり、神である。だから、祠を建てて奉安するのだ。

問題の祠は、家の敷地の角に辻の方を向いて建てられている。

そこで私は、これは霊道に集う神を奉じる辻の祠に違いないと考えた次第だが、どうだろう？

神といっても、善いことを為すとは限らない。

とくに、辻に現れる神は危険だ。

中国地方や九州地方には、「辻神」という伝承がある。辻神は災いを呼び寄せたり祟ったりする悪神、あるいは辻に棲《す》みつく魔物であるとされる。

九州南部や沖縄の島々には、辻、もしくは突き当たりの正面に「石敢當《いしがんとう》」という長方形の石を配置する習慣があるが、あれは、辻神が家に侵入するのを防ぐ魔よけの石なのだそうだ。

しかしこの三郷市の辻の祠は魔よけの役割を果たすことなく、ただ辻神の依り代になっているのではないのか。

ということは、つまり……。

（＊）『青頭巾』……江戸中期に上田秋成によって書かれた読本『雨月物語』中の一篇。屍《しかばね》を喰らう鬼と化した僧を主人公の快庵禅師が庭の石の上に座らせ、被っていた青頭巾をその頭に被せて、公案を授ける。一年後、禅師が寺に戻ると、僧はまだ石に座禅を組んでいたが、禅師が杖で頭を叩いたところ、たちまちその姿は崩れ、後には骨と青頭巾だけが石の上に残された。

樹海のモーテル

富士宮市・廃モーテル

再び「のっぽ」こと藤田さんにご登場願おう（一八一頁「ダンジョンの女」）。一九九八年の五月頃のある夜、当時大学生だった彼は、下宿のあった名古屋から山梨県富士吉田市にある遊園地、富士急ハイランドまで恋人を連れてドライブに行くことを急に思い立った。

衝動的に閃《ひらめ》いて、善は急げとばかりに車に飛び乗ったのが、深夜〇時。宿の予約もしていない。彼女が大いに乗り気になったことから、ドライブは当然、冒険の性質を帯びた。

富士急ハイランドでは、世界一長いジェットコースター「FUJIYAMA」が、その二年近く前に営業をはじめていた。二人とも富士急ハイランドに行ったことがまだなく、大人気の「FUJIYAMA」に乗るのが楽しみだった。

中古のジムニーを駆って夜道を突っ走り、車中で仮眠をとっただけで朝の開園時から富士急ハイランドで一日中遊んだ。そんなことをすれば当たり前だが、藤田さんは日が暮れる頃には疲れはて、ベッドが恋しくて仕方なくなった。

そこで彼女と宿を探したのだが、まだモバイルというものが存在せずカーナビも普及していない頃のこと。眠気をこらえて再び藤田さんはハンドルを握るはめになった。帰り道の途中で宿を探すことにしたのだ。

大きな道路沿いには、必ずホテルや旅館があるものだ。なんとかなるだろうと思っていた。

ところが、富士急ハイランドのすぐ近くのところはどこも高そうで手が出ないか満室であるかのどちらかだった。宿を探しながら車を転がすうち、次第に町から遠ざかって、樹海のあたりまで来てしまった。

富士急ハイランドと名古屋を繋ぐルートのひとつ、県道七一号線の途上である。道路の左右は自殺の名所として悪名高い青木ヶ原樹海。夜が更けてくるにつれ、木立ちが抱える闇がこちらに迫ってくるように感じた。怖い。しかも眠い。

藤田さんは、このままでは居眠り運転をし、事故を起こしてしまうのではないかと焦った。あいにく彼女は運転免許を持っていなかった。だから運転をかわってもらうことも出来ない。

救いはと言えば、運転していない分、彼女の方が体力を温存しており元気だということだった。それに彼女は非常に楽観的な性格で（そうでなければこんな無茶なデートには応じないだろう）明るく、愚痴を言わない女性だった。

お日様みたいな彼女の魅力に、気分だけでも多少は救われた。しかし、やがてそんなことではどうにもならないほど体力が尽きてきた。

もうダメだ。樹海は怖いが、道端で車中泊するしかないか……。

疲労困憊し、絶望感に捉われだした頃、突如として前方にホテルのものらしい明かりが現れた。

深い森に抱かれるようにしてポツンと建っている。辺りに人家はない。

近づいてみたら、かなり古くて小汚らしい、しかも安っぽいモーテルだった。何やらいかがわしい雰囲気も漂い、藤田さんの頭には咄嗟《とっさ》に「連れ込み旅館」という言葉が浮かんだ。

こんなところに可愛い彼女を連れ込むのは気がひけたが、もはや倒れる寸前であり、背に腹はかえられないと彼は決意した。

「一刻も早くきみと抱き合いたいんだ」

そう彼女に言って、そのモーテルに入った。

ちなみに、藤田さんからこの体験談を聞かせてもらった後に、独自に現場を訪れて検証してみたところ、件《くだん》のモーテルは、静岡県富士宮市上井出の県道七一号線沿いに実在した「ホテル青い鳥」に違いないということがわかった。

二〇一六年現在は廃墟になっている。藤田さんと恋人が訪れてからしばらく後に、ホテル内で殺人事件が起きて廃業したのだという。

平屋建ての連棟式コテージで、こぢんまりとした建物だったよう。今も残る看板の色遣いなどに往時の雰囲気が偲ばれた。たしかにラブホテル風だ。

このモーテルは暴力団が経営していたと言われており、殺人事件の舞台になっただけではなく、廃屋となったのちにも本物の拳銃が発見されるという騒ぎもあったそうだ。

私は周囲も探索してみた。廃モーテルから県道を南へ数十メートル行ったところへ右手に入る路地があり、そちらに進むと前方にトンネルがあって、それを潜り抜けたところ、急に目の前に墓地の景色が開けた。

トンネルを潜らずにその手前の右側の木立ちに視線を投じると、そこに獣道のような小路があって、これは廃墟の裏口へ続いている。が、近頃ではここを歩く者は滅多にいないと見え、小路は半ば雑草に覆われていた。

《廃モーテル「ホテル青い鳥」には、幽霊が出る》

そういう噂《うわさ》があり、インターネットの心霊スポット案内サイトで「あまり有名ではない」という但し書きつきで紹介されていることも私は確認した。

藤田さんは「早く抱き合いたい」と彼女に言ったけれど、今すぐベッドに横になって眠りたいというのがその時の彼の本音だった。幸い彼女は嫌がらずについてきてくれた。モーテルの駐車場に車を停めて部屋を借り、これでようやく寝られると内心喜びつつ部屋のドアを開けた。

その瞬間、室内からドロッとした重たい空気の塊が押し寄せてきて、彼の全身を包んだ。

異様な瘴気《しょうき》のようなものがドアから噴き出してきた、そう感じた藤田さんは、反射的にドアを閉めそうになった。しかし一瞬早く、彼の脇から彼女が部屋を覗き込んで嬉しそうな声を出した。

「あら、案外キレイな部屋じゃない」

そう言うが早いか、彼女は藤田さんの横からするりと部屋に入ってしまった。明らかにウキウキしているその表情を見て、泊まるのをやめるという選択肢が消えたことを藤田さんは悟った。

しかし、妙に寒い。日中は半袖で過ごしていたぐらい暖かな日だったのに鳥肌が立った。おまけに部屋の明かりをちゃんと点けても、なぜか薄暗く感じた。とにかく、その部屋の何もかもが妙な感じで怖かった。

部屋を替えてもらうことは可能だった。けれども藤田さんは彼女の手前、なんだか変な感じがして怖いから、と説明することが出来なかった。

彼女には内緒にしていたが、藤田さんには子供の頃から霊感のようなものがあった。彼女はというと霊感の「れ」の字も無いタイプ。

持ち前の明るさで、疲れたようすもなく蝶のようにヒラヒラと部屋中を飛び回り、クローゼットなどをあちこち開け閉めして探検している。

藤田さんは、頑張って彼女に同調することにした。カラ元気ではしゃいで見せ、一緒に冷蔵庫を覗き込んだりテレビを点けたりしていたが、やがて彼女が自分のバッグを開けて荷物の整理をはじめたので、「ちょっと風呂を見てくるね！」と声を掛けてバスルームに行った。そして元気のいい振りをしていたそのままの勢いでバスルームのドアを大きく開けて——。

藤田さんは凍りついた。

真正面の洗い場の床に、女が、こちらを向いて立っていた。

十年以上前に流行ったファッションに身を包んだ女だった。ソバージュヘアで、白地に黒い水玉模様のワンピースを着ている。三十代くらいの、目鼻立ちが整った美人だったが、違和感が凄まじかった。ファッションも、そこに居ることも、変だとしか言いようがない。

ソバージュヘアが流行したのは八〇年代後半から九〇年代前半にかけての頃だと言われているが、お洒落な人は八〇年代前半からやっていたように思う。

実際調べてみると、七〇年代半ばにフランスの美容界で「クープ・ド・フランス」というネーミングで初めて発表され、日本では女優の故・大原麗子さんが八三年に映画『セカンド・ラブ』でいち早くこの髪型にしていた。故・本田美奈子さんや今井美樹さんがソバージュヘアにして一般に浸透していったのは、それからもう少し後のことだ。

藤田さんに確認を取ったところ、バスルームに佇んでいた女性の服は、ボディーコンシャス（通称ボディコン）ではなく、「もっと野暮ったくて、お母さんが着ていそうな」もっさりしたワンピースだったという。

ボディコンとソバージュヘアの流行が重なるのが、八六年から九一年のバブル期の頃。ということは、この女性のファッションは八三年前後のものということになる。

八三年というのは、ちょうどＮＨＫの土曜ドラマ枠で松本清張原作のドラマ『波の塔』が放送された年だ。

『波の塔』は再三映画化・テレビドラマ化されており、一説には樹海での自殺を流行らせたとも言われている。

ストーリーのラストで青木ヶ原樹海でヒロインが自死するのだ。

一九七〇年にもテレビドラマ化され、その後、七四年に小説『波の塔』を枕のように頭の下に敷いた格好の女性の白骨死体が青木ヶ原樹海で発見されたそうである。

そんな樹海の只中にあるモーテルで、藤田さんはソバージュヘアの女と対面してしまったというわけだ。

たっぷり一秒間、もしかするともう少しの間、藤田さんは女と目を合わせて向かい合っていた。

それから我に返り、慌ててドアを閉めて悲鳴をあげた。

なあに、と彼女が怪訝そうに振り向く。日頃は心霊系の話題を避けてきたことも忘れ、藤田さんはパニック気味に「人がいた！」と大声で応えた。

彼女は藤田さんの言うことを信じなかった。怖がりもせず、つかつかとやってきて、止める間もなくバスルームのドアを開けてしまった。

バスルームは空っぽで、「だぁれもいないじゃない」と彼女は笑った。

たしかに女は消えていた。しかし風が吹いてきて藤田さんにぶつかった。

風が体の中に入ったように感じ、彼は「やっべえ！」と叫んだ。

彼女はわけがわからないという反応を示した。

「なんにもいないのに、何が？」と問われて、藤田さんは「今、幽霊がいたんだよ！」と必死に訴えたが、冷静に「でも、見て。ね？　何かいる？」とバスルームの中を指し示されると、それ以上何も言うことが出来なかった。

怖々バスルームの中を見回したが、女の影も形も見当たらなかったのだ。

「……いないね」と彼はあきらめた。「でも、僕もう今日はお風呂はいいや。なんだか寒いし疲れちゃったから、寝ててもいい？」

「いいよ。体調悪いんだね。私はシャワー浴びるから、お布団に入ってて」

間もなく彼女はバスルームでシャワーを浴びはじめ、藤田さんはベッドで布団に潜り込んだ。だが、目を閉じると、さっき見た女の姿が瞼《まぶた》の裏に蘇ってきて眠るどころではない。

流行遅れのファッションに身を包んだ不気味な女は、完全に無表情だった。いわゆる「能面のような」と呼ばれる感情を抑制した顔ではなく、表情がまるで死んでいて、ひどく虚ろだったのだという。

あれは生きた人間ではないと藤田さんは確信していた。今までに見た幽霊はどれも生前の姿で出てきて、生きている人間と見分けがつかないほどだったが、あまりにも無表情すぎて奇妙な感じを受けることが多かったのだ。

ややあって、彼女は何事もなくシャワーを浴び終え、ほかほかした湯上がりの体を藤田さんの横に滑り込ませてきた。

彼はそのときもまだ寒気と闘っていたので、急いで彼女に抱きつき、脚を絡ませてぬくもりを貪《むさぼ》った。と言っても色気抜きのくっつき方で、このときの藤田さんは完全に幼児返りしていたという。

怖くて仕方がなかったが、いつしか彼は眠りに落ちた。

翌朝から再びドライブして、途中で何度か寄り道をし、名古屋の下宿に戻ったのは夜の七時半を少し過ぎた頃だった。

帰宅すると彼女はさっそくシャワーを浴びはじめた。一方、藤田さんはベッドに横になってテレビを点《つ》けた。

やがて、毎週愉しみにしていたナインティナインのバラエティ番組『めちゃ×2イケてるッ！』が始まった（ということは、この日は土曜日なのだ。同番組は九六年十月から二〇一六年五月現在まで、毎週土曜日夜七時五十七分から八時五十四分にかけて放送されている）。

この時点では、藤田さんは昨夜感じた怖さを忘れかけていた。

朝からそれまで、おかしなことは何も起こらなかった。そして今、彼女は鼻歌をうたいながらシャワーを浴びている。ナイナイは相変わらず面白い。

これを見終わったら僕もパッと風呂に入って、今夜はぐっすり眠るんだ。一晩経ったら、あんなことはすっかり忘れて、二度と思い出すこともないだろうな。そう思っていたのだが――。

突然、彼は金縛りにあった。

急に全身が硬直したように固まり、動けなくなってしまったのだ。

すぐそばのテレビでは司会のナイナイをはじめタレントやお笑い芸人が、にぎやかなトークを繰り広げている。

彼女は上機嫌でシャワーを浴びている。

そんな中、彼だけが突如として非日常な状況に陥っていた。

唯一、目玉だけは動かせた。だからその姿勢のまま見える限りの範囲をぐるりと見回してみて、縮みあがった。

彼の足もとに、モーテルで見たソバージュの女が佇んで、こちらを凝視していたのだ。

悲鳴が出せるものなら、絶叫していただろう。でも出せない。唇も舌も動かないので、息だけで「たすけてたすけて」と言ってみたものの、のんきにシャワーを愉しんでいる彼女に聞こえるわけもない。

ソバージュヘアの女は、昨日と同じ服装で、表情が無いところも変わらなかった。ただし、今回は彼の顔をじっと覗き込むように見つめている。何か目的を持った眼差しで……。

藤田さんは頭の中で女に謝りはじめた。幽霊なら、こっちが考えてることが読めるんじゃないかと考えたのだ。

「ごめんね。僕はダメな人間だから、きみに何もしてあげられない。ごめんね、ごめんね」

と、繰り返し謝罪の念を送ったのだ。

けれど、女の幽霊は一向に立ち去ってくれなかった。謝っても駄目なのか……。

では、と次に藤田さんが思いついたのは、近所の神社に道案内することだった。

「この建物を出たら右に向かって一つ目の角を左に行って」と頭の中で神社までの道を説明し、そこへ行ったら救われるから、と必死に訴えた。

が、それでも女は消えなかった。まさか、このまま一生とり憑かれてしまうのか？ 髪が逆立つような恐怖のどん底で、藤田さんはなんとかして女から逃れようとしたが、どうしても体は動かせず、焦るばかり。

そのとき、彼女がバスルームから出てきた。すると途端に、金縛りが解けて、女の姿が消えた。煙のように薄くなっていなくなり、あとには何の気配も残らなかったという。

今度は藤田さんは誤魔化さず、今あった出来事を正直に彼女に打ち明けた。

彼女は何も言わずに、彼を強く抱き締めた。

藤田さんが本気で怯えていることがわかったのだろう。

ところが、抱いてくれたと思ったら、すぐに彼女はアッと声をあげて藤田さんから両腕を離した。

そして真剣な表情で彼の目を見つめ、こう言った。

「昨日も幽霊は本当にいたんだね。あそこから連れて帰ってきちゃったんだ。こっちの肩だけ、すごく冷たくなってるよ。まるで氷みたいに」

そう言われて、藤田さんは彼女が指した方の肩を自分で触って確かめた。

本当に、そこだけが驚くほど冷たくなっていた。

「ごめんね。信じてあげなくて」

彼女は謝りながら藤田さんの冷たくなった方の肩を撫でた。と、すみやかに冷たさは消えてゆき、間もなくすっかりぬくもった。

それ以来、彼はあのソバージュヘアの女の霊を見たことはないのだという。

女は、藤田さんが思念で道案内した近所の神社へ行ったのか。

それとも、樹海の中に建つ廃モーテルへ帰っていったのだろうか。

松本清張の小説『波の塔』は結末で、悲劇のヒロインの背中が黒い樹海に次第しだいに吸い込まれてゆく。

ソバージュの女は樹海の自殺者ではないかもしれないが、私にはあのシーンが思い出されてならなかった。

藤田さんは女の顔を今でもはっきりと憶えているそうだが、なぜか私が思い浮かべるのはソバージュヘアの後ろ姿ばかりなのだ。

彼女の前には、真っ暗な木々の海原が果てしなく広がっている。

けいこちゃん

静岡市葵区

静岡県出身の鈴木さんは、何年か前まで、父方の親戚の子供の数を、ひとり多く勘違いしていたそうだ。

ひと口に子供と言っても、姪もいれば甥もおり、歳の離れたいとこやはとこ、更にその子供たちもいる。鈴木さんの父親は六人きょうだいであり、伯父や伯母たちにも子だくさんの傾向があって、親戚が多いのだ。

鈴木さんは現在二十六歳になるが、物心ついた頃から、ほとんど毎年、お盆の頃には家族揃って静岡市の父の実家に泊まりがけで行って、同じように家族連れで来ている親族一同と一緒に、先祖の墓に参ってきた。

「小一か小二ぐらいまでは、その子のことを従妹《いとこ》だと思っていました」

最初に会ったのは、たぶん墓参りのときだったという。

三十人以上もいるかという大集団で墓地の小路をぞろぞろと歩いていた折に、鈴木さんの前を行く父や伯母たちの間から、おかっぱ頭の幼児がひょいと飛びだしてきた。

三、四歳の女の子だった。そのぐらいの従妹はたくさんいたので、そのうちのひとりだろうと思った。

「私に近づいてきたので、手をつないで歩きました。そのとき何か会話したと思うんですが、話したことなんてもう憶えてません。でも、ひとなつこい、可愛い子だったんですよ。それが、その女の子との最初の思い出です」

その後も、祖父母の家に行くたびに、その子に会った。会えば、仲良く遊んであげた。女の子と鈴木さんの二人だけで遊ぶのではなく、他の親戚の子たちも一緒にトランプや鬼ごっこなどをしたこともある。

一緒にそうめんや西瓜《すいか》を食べたことだってあるのだという。

「でも、そのうち、従妹にしては小さすぎるなと思うようになりました」

鈴木さん自身、いつしか思春期を迎える年ごろになった。幼稚園児だった従妹たちは小学生になり、赤ん坊だった従姉や従兄の子たちも立って歩きはじめた。

「そこで、私は、あの女の子は、結婚してるいとこかはとこのうちの誰かの子だったんだ、と考え直したんです」

ずいぶん大雑把ですよね、と鈴木さんは苦笑していたが、年に一度しか会わないのだから無理もない。ましてや当時は彼女自身も子供である。次の夏が巡ってくるまでに顔も忘れてしまったとしても仕方がないだろう。

「名前は、憶えていたんですけどね。けいこちゃんというんです」

いつだったか、「けいこちゃん」と、その子が名乗ったのだという。

「初対面のときだったか、二度目に会ったときだったか……思い出すことは出来ませんが、あちらから教えてくれたような気がします」

中一になった頃から、鈴木さんは、祖父の家でけいこちゃんを見かけても、遊んでやらなくなった。歳の近い子たちと語らったり、独りで本を読んだりする方が楽しかった。台所で母や伯母たちを手伝うことも多くなった。

けいこちゃんは、相変わらず、みんなの間をうろちょろしていた。いつも機嫌がよさそうで、泣いているところは見たことがなかった。

中二から高校を卒業して専門学校に入るまでの六年間は、受験や部活動のために、お盆の習慣を中断した。

けいこちゃんに再会したのは、十九歳のときだった。

そのとき初めて、これは異常なことだと気がついた。久しぶりに会ったけいこちゃんが、少しも成長していなかったのだ。

ちゃぶ台の下へ潜って遊んでいたけいこちゃんに、鈴木さんは訊ねた。

「けいこちゃんのお母さんは、誰？」

何人かの叔母や従姉の名前を出して質問したが、けいこちゃんは首を横に振るばかりで、鈴木さんが沈黙すると、部屋の外を指さした。

そちらには縁側があり、庭と隣家の軒が見えていた。

隣のうちの子なのかしらと鈴木さんは思った。前に会ったことのあるけいこちゃんと、この子は別の子かもしれない。だったら小さな子であってもおかしくないわけだ。

そのうち女の子はとことこと駆け出して、縁側から庭に下りてどこかへ行ってしまったので、鈴木さんは、やはりお隣の子だったのだと納得した。

それからも毎年、小さな女の子を見かけたり見かけなかったりしたが、去年の夏までは、あまり気に留めることもなかったという。

その夏のお盆も、鈴木さんは家族と一緒に祖父母の家へ行った。

鈴木さんには三つ年上の結婚している姉がいて、その姉夫婦が前年の秋、第一子を授かったのだ。赤ん坊を初めて連れていくというので、鈴木さんたち一家はおおわらわだった。

「私は直前まで仕事が忙しくて、夏バテも酷く、貧血気味でした。そこで墓参りには参加せず、赤ん坊と留守番することにさせてもらったんです。墓参りの後で全員でお蕎麦屋さんに行くことになっていて、それを姉が楽しみにしていたので、おねえちゃんは行っといでと言って送り出しました」

鈴木さんは、これまでにも何度も、姉夫婦の赤ん坊の面倒を見たことがあった。おむつ交換も、哺乳瓶でミルクをやるのも、朝飯前だった。

姉が行ってしまうと、途端に赤ん坊は泣きだしたが、ミルクをやりながらあやしていたら、やがて眠りはじめた。

布団で眠る赤ん坊の横に座布団を敷き、鈴木さんも横になった。うつらうつらしはじめたところ、後ろで足音がした。鈴木さんは寝ぼけて、みんなが帰ってきたのだと思い、「おかえりぃ」と言いながら振り返った。

しかし、そこに居たのは、幼い女の子――けいこちゃんだった。

顔を見た瞬間に、十九のとき「けいこちゃんのお母さんは……」と訊いたことを思い出したのだと鈴木さんは言う。けいこちゃんは否定しなかった。別の子ではなかったのだ。こんどは顔も憶えていた。

「同じ子、でした」

ひとりで佇んでいたという。その姿が少しも成長していないことに気づき、鈴木さんはゾッとした。

けいこちゃんは赤ん坊を眺めていた。

鈴木さんは、赤ん坊を守らなければ、と咄嗟《とっさ》に思い、赤ん坊を背に隠し、怖いのを我慢して、けいこちゃんと真正面から対峙した。

「祖父母の家は、昭和三十年ぐらいに建てられたので、古いんです。そのとき、私が生まれるずっと前からある柱時計が、ボーンボーンと十二回鳴りました。それで、正午なんだとわかりました」

畳に障子の影が落ちていた。外は、目が眩むほど明るかった。

それまで、けいこちゃんはオバケのようではなかった。今も普通の子供みたい。けれども鈴木さんはけいこちゃんの足もとに影が無いことに気づいてしまった。影が無いせいで、けいこちゃんは畳から一センチぐらい浮いているように見えた。

セミの声が騒がしかった。赤ん坊はすやすや寝ている。けいこちゃん以外、何もかもが正常な世界だった。

鈴木さんは、勇気をふるって、けいこちゃんに話しかけたそうだ。

「帰って、と言いました。お願い、けいこちゃん、帰って……って」

すると、けいこちゃんはコクンとうなずき、「わかった」と鈴木さんの目を見て応えた。そして縁側のところで振り返って、ちょっと寂しそうに「バイバイ」と手を振って外に出ていった。

鈴木さんは急にけいこちゃんがかわいそうになった。立ち上がって「さようなら」と声を掛けた。でも、けいこちゃんはもう振り返らなかった。小さな姿は、生垣に向かっていって、繁る緑の葉の中に吸いこまれるように消えてしまった。

もう二度と会えないような気がする、と、鈴木さんは話を結んだ。

正月異聞「オミダマさま」

宮城県気仙沼市

宮城県気仙沼市には「オミダマさま」もしくは「オミタマさま」と呼ばれる正月の慣わしがある。亡くなった方の家、または菩提寺や神社に、年明けに親族が集まり、仏さまを拝むのだという。

家により、一月二日、あるいは三日や四日と行う日が異なったり、お供えする物や供える場所などが少し違っていたりするようだ。

前年に亡くなったばかりの仏さまを「オミダマさま」で拝むことは「初ミタマ」と呼ばれ、来客は黒い熨斗《のし》袋に「御霊前」ないしは「御仏前」と記した香典を持参することになっている。

一年を過ぎると、黄色い熨斗袋、もしくは赤い熨斗袋に「おみだま様」（人により「おみたまさま」や「オミダマさま」のこともある）と書くという決まりだ。

「オミダマさま」には正式な漢字表記が無い。気仙沼で親から子へと口伝えで受け継がれてきた風習だからだ。しかし、漢字で書くとしたら、「御御霊様」か、あるいは

「御御魂様」ということになるであろうと推測できる。

というのも、「オミダマさま」は、民俗学上は、日本全国各地にある御霊祭《みたままつり》のパターンのひとつだと認識されているので。

御霊祭と同じように、「オミダマさま」でも農作物を供物とする。行う時期に歳末と年明けという違いはあるが、祖霊を祀《まつ》る点は同じだ。さらに、御霊祭のお供え物を「オミタマさま」と呼ぶ地方もあるというから、これはもう間違いないと言えそうだ。

小野寺さんは気仙沼出身の女性で、東京で働きながら子育てをしている。

年齢は三十六歳だというけれど、小柄で童顔の美人で、二十代後半にも見える。

「去年のお正月のことです」と彼女は静かに語りはじめた。

その前年に、気仙沼にいる叔父と叔母と従兄が数ヶ月のうちに亡くなった。叔父と叔母といっても夫婦ではなく、小野寺さんの父の弟と妹だ。従兄は父の姉の長男である。

小野寺さんの父は四人きょうだいだったが、短い期間で父の姉と父の二人きりになってしまったというわけだ。おまけに可愛がっていた甥っ子まで死んだため、当初、落ち込みようがひどかった。

小野寺さんには年の離れた姉が二人いるだけで、男の兄弟はない。姉たちも小野寺さんも皆嫁いで気仙沼を離れており、対して死んだ従兄は地元に残って小野寺さんの実家にもときどき顔を出していた。家が近所なため、子供の頃から従兄はよく家に遊びにきていたのだ。

彼は小野寺さんと同い年で、まだ独身だった。「うちの両親にとっては息子がわりみたいな感じだったかもしれませんね」と小野寺さんは言う。

従兄の葬儀のとき、彼女の父は泣きどおしだったそうだ。

そういうことがあったせいか、父は突然、今年はしっかりオミダマさまをしないわけにはいかないと言いはじめた。

小野寺さんは驚いた。彼女の父は本来、あまり伝統や風習にはこだわらない現代的な人間だったそうだ。彼は県内の企業に勤めていた。定年退職後はそこの子会社にあたる缶詰工場を任されている、サラリーマンだ。気仙沼でも旧家や網元、大きな農家には今でもオミダマさまをきちんと執り行う家があるが、父は違う。さらに母は他県の出身で結婚するまでオミダマさまなど聞いたこともなかったと言っている。父の年代で地元の慣わしを重んずる人ならば他所から嫁はもらわない。

両親とも七十代だが今時の七十代は気持ちが若くて、たとえ田舎にずっと住んでいたとしても古い因習みたいなものは好まないのではないかと小野寺さんはずっと思っていた。

事実、小野寺家ではオミダマさまは年々おざなりになり、彼女が高校生のときに祖父母が亡くなってからは全然やらなくなっていた。

父は、オミダマさまをしていなかったから自分の弟妹と甥っ子が亡くなったのだと固く信じ込んでしまったように小野寺さんには思えた。

しかし叔父は二〇一一年三月に東北を襲った大震災の前から闘病生活を送っており、震災後はいつ死んでもおかしくないような状況になっていた。

叔母は元気にしていたが、茨城に出掛けたとき交通事故に遭ったのだ。

従兄は、真夜中に自宅の門のところにある階段で足を滑らせて、打ちどころが悪く、翌朝、伯母が見つけたときにはすでに亡くなっていた。

一年のうちに三人も身内が死んでショックなのはわかるが、時期が近くなってしまったのは、たまたまだ。

三人のうち、最後に亡くなったのは従兄だった。小野寺さんの父が、祖先の霊が祟ったのだと言いはじめたのは、従兄が死んだ後のことだ。

母や伯母たちも、父に同調したのだという。小野寺さんには信じ難かった。喪中ハガキを出したというのに、親戚一同で集まって餅をつくなど祝い事のような真似をして良いものだろうか。正直、違和感しかなかった。

また、小野寺さんは子供が小学校に上がってからは帰省は夏だけにして、正月に実家に帰ることはやめていた。冬休みは、家族水入らずで国内外を旅行したり、映画館や遊園地へ行ったりする習慣だった。

だから、厭だな、面倒だなと思った。ところが小学校五年生の息子がオミダマさまに興味を持ち、面白そうだから行きたいと言いだした。思えば息子はオミダマさまを見たことがなかった。「『妖怪ウォッチ』が流行りはじめた頃だったので、なんか、妖怪みたいなものだと思ったんじゃないかしら」と小野寺さんは笑う。

夫は、子供に伝統文化を見せるいい機会だと話した。また彼自身、一度オミダマさまを見てみたいと言った。夫は、オミダマさまは話で聞いたことがあるだけだった。彼も気仙沼出身だったが、幼い頃に家族で東京に移り、彼の親族も皆、気仙沼から引っ越して、地元には誰も残っていなかった。そして、他所に移り住んだ人は、なぜか皆オミダマさまをやらなくなるものなのだ。

さらに来年度からは中学受験の準備のため息子を塾に通わせる予定だという事情もあった。受験勉強をさせるため、六年生の夏休みには気仙沼に連れていかないつもりだったのだ。息子もそのことをわかっていて、「今回を逃すと、お祖父ちゃんお祖母ちゃんに会えるのはずっと先になってしまう」と小野寺さんに訴えた。

小野寺さんは実家のオミダマさまに夫と息子を連れて参加することにした。彼女たちが気仙沼の家に着いたのは十二月二十七日の夜で、翌朝から、さっそくオミダマさまの準備が始まった。

しかし、父もやり方をよく憶えていなかったのだという。そこで一族の菩提寺の住職や神社の宮司に教えを乞うたり、なんとかして古い記憶を引っ張り出したりして供物を用意した。オミダマさまは行事そのものも「オミダマさま」だが、その供物も「オミダマさま」と呼ぶそうだ。

まずは供物にする餅をついた。四角い切り餅にしたらいいか丸餅にしたらいいかよくわからなかったので、とりあえず丸い餅をこしらえた。

そして、住職らから聞いたとおり、餅と握り飯を十二個ずつと、干し柿と蜜柑《みかん》をひと山ずつ用意した。それから亡くなった叔父と叔母と従兄の位牌と、香立てと線香。それらを真新しいざるに白紙を敷いた上に乗せ、箸を三膳添えて、仏壇の前に供えた。神棚にも、小野寺さんの幼少のときからの記憶にある中では最高に凝った飾り付けが施された。父は、細かいところまできちんと伝統に則ったものにしようと懸命だったのだと小野寺さんは思っている。

二十八日から大晦日までは、小野寺さんも準備に追われた。親戚が大勢来るため料理をいっぱい用意しなければならず、姉たちと一緒に朝から晩まで台所で奮闘した。実は、「お寿司を取ればいい」と小野寺さんは言ったのだが母に却下されてしまったそうだ。母も、昔ながらのお正月をやると決めていた。

大晦日の晩も、年越し蕎麦などの用意で小野寺さんは台所に立っていた。

そのとき、ちょっとした異変に気づいた。

オミダマさまのお供え物が、台所の調理台や流しに転がっていたのだ。最初はオニギリがポンと調理台に置かれていて、次に、お箸がシンクの中に転がって濡れてしまっているのに上の姉が気づいた。

姉と小野寺さんは、子供たちの悪戯《いたずら》かと思った。そこで子供らを叱りつけたのだが、誰もそんなことはしていないと応えた。

少し気味が悪くなったが、仕方なく台所の作業に戻った。すると、蕎麦を茹でている最中に蜜柑を踏んで転びそうになった。お供え物の蜜柑だった。

踏んだ蜜柑を戻すわけにはいかないので、新しいのを仏壇の前に持っていったところ、今度は、お餅や何かの並べ方がぐしゃぐしゃになっていた。

そのときそばに母がいたので、小野寺さんはすぐに、「お母さん、見て。こんなことになってるよ」と指摘した。

母は、乱れたオミダマさまのようすを見て青ざめた。彼女が知る限り誰も触っておらず、最後に見たときには供えたときのまま、きちんとしていたと言った。また、仏壇のある部屋の中には絶えず誰かが居たはずだとも話した。だからこんなことになるはずがない、と。

小野寺さんはオミダマさまに触るのも厭だと感じはじめたが、そのままにしておくわけにもいかない。母と二人で黙ってオミダマさまを直した。

ところが、その後、みんなで蕎麦を食べていると、またオミダマさまの方から、ゴトンと何かが落ちる音が。

息子が、「なんだろう」と席を立って見にいった。母がそのあとを追いかけ、なんとなく小野寺さんも続いた。食事をしていたのは仏壇の次の間だったので、着いたとき息子はすでにオミダマさまのところで、手に餅を持ってこちらを振り向いていた。

「落ちてたよ」と息子は小野寺さんたちに言った。

その途端、オミダマさまのざるの縁から蜜柑がころころ転がり落ち、小野寺さんは思わず悲鳴をあげてしまった。

彼女の叫び声を聞いて皆が駆けつけてきた。その後、父の指示で供え物を整え、皆で仏壇に向かって手を合わせた。

それから食事に戻り、しばらくは何事もなかった。

元日も大忙しだった。上の姉の家族と下の姉も家に泊まっており、下の姉の夫と子供たちは近所の旅館に泊まっていたが、早い時刻にやってきて、みんなで御膳を囲んだのだ。また、この朝は亡くなった従兄の両親にあたる伯父と伯母も来た。

伯母たちは喪中だから明けましておめでとうと言ってはいけないと事前に母から注意されていた。

伯母たちを出迎えたのは小野寺さんだった。玄関を開けると、伯父と伯母が二人ともぞろりと黒い着物を着て並んでいたのだという。

伯父は黒い紋付袴《はかま》、伯母は黒喪服。小野寺さんによれば「お正月なのに。そんな習慣は気仙沼にだってありませんよ」ということだが、実際、オミダマさまの祀り方を調べても遺族は喪服で参加することなどという決まりは書かれていなかった。伯母たちを見て気の毒だとは思いつつ、小野寺さんはあまりの気味の悪さに鳥肌を立ててしまったそうだ。

それから皆でお屠蘇《とそ》を回して、お雑煮やお節料理を食べたが、皆、伯母たちのことは腫れものに触るようにして、あまり話しかけなかった。

父だけは、伯母たちと少し会話していたが、招いたのは父なので、そうせざるをえなかったのだろうと小野寺さんは思った。

小野寺さんには気に掛かることがあった。二十八日に餅つきをしたとき、従兄、叔父、叔母の位牌を借りてオミダマさまに上げていたが、なぜそれぞれの家ではなく、総領である父のもとで祀るのだろう、と。

父がオミダマさまをやりたがったから、みんなで流された結果そんなことになった。けれども喪服姿の伯母たちが訪ねてきたら、やっぱりこれは何か変だと気づかざるをえなかった。

しかし指南役を務めてくれた住職も、父を止めなかったのだ。だから間違ってはいないのかもしれないが、自分の常識からかけはなれたことが続くせいもあり、小野寺さんはどうしても納得がいかなかったそうだ。

そうするうちに、大晦日のときのような奇妙な現象が再び起きた。

食事の後のことだ。伯父と伯母はなかなか帰ろうとせず、夫婦で仏壇の前に座っていつまでも従兄の位牌を眺めていた。小野寺さんたちは遠巻きに眺めている他なかった。やがて伯父が小用に立ち、伯母が独り残された。

お茶を淹《い》れたので、小野寺さんが声を掛けると、伯母はようやく立ち上がってこちらを向いた。

そのときガサッと物音がして、ざるが動いた。

伯母は後ろを向いていたが、小野寺さんはざるが動く瞬間を目撃した。誰も触っていないのにオミダマさまのざるが揺れて、上のお供え物が横にずれた。同時に位牌も一つ倒れた。

それは従兄の位牌だった。伯母さんは位牌を抱いて泣きだした。

そこへ伯父が戻ってきて、両親や姉たちも集まり、大騒ぎになった。収まりをつけるため全員でオミダマさまに手を合わせたが、結局、小野寺さんの両親は、伯母たちに位牌を持ち帰ってもらうことにした。

一月三日に住職を呼んでオミダマさまにお経をあげてもらうことになっていたので、そのとき持ってきてもらえばいいと父が提案したのだ。

伯母は位牌を抱いて帰って行った。

それから三日までは何もなかった。三日、いよいよオミダマさまの日になり、再び伯母夫婦が家を訪れた。持ってきてもらった位牌をオミダマさまのざるの上に戻し、お供え物を整え直して住職を迎えた。読経の後、住職も一緒に昼食を食べた。お経をあげる前に、叔父や叔母にゆかりのある人や従兄の友人たちも訪ねてきて、そのうち何人かは食事に参加した。

三十人以上集まっていた、と小野寺さんは苦笑した。一時は五十人近くいて、すし詰め状態だったという。あまりの混みように気をつかって食事の途中で早めに帰る人が何人かいた。

台所もてんやわんやだった。小野寺さんは自分の食事をサッと済ませて、皆が食べているうちから台所に引っ込んでいた。混んでいるからという他に、伯母たちを見ていたくないという理由もあった。

なぜなら伯父伯母は、また喪服を着てきたのだった。しかも伯母は四六時中泣いていた。

姉たちと世間話をしながら台所で洗いものをしている方が気がラクだったのだ。やがて子供たちも食事を終わって、家の中をうろうろしはじめた。そこで台所を出て、他の子たちと廊下を歩いていた息子を呼びとめ、外へ行くように言った。それを見送ってから、小野寺さんは子供らを表で遊ばせた方がいいと考えた。

息子を含め子供たちは皆、近所の公園へ出掛けていった。それを見送ってから、小野寺さんはハッと思い出した。

去年の夏、お盆で帰ったとき、たまたま従兄が実家に来ていて、息子をその公園に連れていってくれたのだった。それからひと月ぐらい後、従兄は死んだ。

そんなことを思い出したせいだろうか。台所に戻る途中、廊下にポッンと蜜柑が落ちているのを見つけたとき、咄嗟《とっさ》に、またオミダマさまの蜜柑が転がり出てきたのだと小野寺さんは思った。従兄の霊が悪さをしているのではないか。そんな気がして、その蜜柑はこっそり捨ててしまった。そしてまた新しい蜜柑をオミダマさまのところへ持っていったところ、再び従兄の位牌が倒れていた。

小野寺さんは位牌に触らずに父を呼んだ。父は、黙って位牌を直した。

その日は伯母たちが帰るまで、位牌が倒れたり、お供え物が転がったり、何度もおかしなことがあった。

いちばん怖かったのは、午後、みんなで墓参りに行って帰ってきたときのことだという。

父が家の玄関を開け、小野寺さんはそのすぐ後ろにいた。父はいつもの習慣で、誰も居ない家に入りながら「ただいま」と言った。

すると声が応えた。

「おかえりなさい」

従兄の声だったそうだ。

それ以来、小野寺さんの実家ではオミダマさまをやめてしまったということだ。

分身

港区南青山

最初に彼女が現れたのは、某インターネット掲示板の中だった。

それまで私はその掲示板に興味がなかったが、あるときマネージャーが私の名前でスレッドが立っていると教えてくれた。二〇〇〇年のその当時、私は現役のＡＶ女優で、常に人気の浮き沈みを気にしていた。私はそのスレッドをチェックしては、投稿された書き込みに一喜一憂するようになった。

初めにマネージャーに知らせてもらってから三ヶ月ぐらい経ったある日、撮影から帰って、夜、パソコンを開き、いつものように私の名前のスレッドをつらつら眺めていたところ、こんな投稿を見つけた。

《五年前、川奈まり子と同じ職場で働いてた。新宿の紀伊國屋書店。地味な女で、目が暗かった》

その頃から五年前というと一九九五年頃である。当時は私は鎌倉に住み、地元の出版社で編集補助のアルバイトをしていた。また、新宿の紀伊國屋書店で働いたことは生まれてこの方一度もない。注目されたくて嘘をついたのだろうと思った。そのときはあまり気にせずに、一応マネージャーに報告したが、三日もするとすっかり忘れてしまった。

しかし似たようなことが再び起きた。しばらくして、また例の掲示板のスレッドにおかしなことが書かれているとマネージャーが電話で知らせてきたのだ。

「昨日、電車でまり子ねえさんの隣に座ったって書いてあるんですけど、昨日は一日中僕の車で移動してましたもんね。あのあと電車に乗りましたか？」

昨日は家に帰ったのは夜十一時過ぎで、すぐに風呂に入って寝てしまったのだ。電車など乗るわけがない。マネージャーによれば、その電車は銀座線で、私は赤坂見附で降りたそうだ。

「妙に具体的なんですよ。他にも、ロングブーツ履いてたとか黒い毛皮のスーツ着てたとか。ねえさん、黒いアストラカンのスーツ、持ってますよね？」

たしかに私は、少し前に黒いアストラカン風のフェイクファーのスーツを買って、ときどき着ていた。高価な品物ではないが、フランス製のノンブランドで、あまり見かけないデザインの服だ。輸入雑貨を中心に扱う小さなブティックで見つけて、日本にあるのはこの一点だけかもしれないと店主にすすめられて衝動買いしたのだ。

商売上手な店主の出まかせだろうか。きっとそうだ。同じ服がたくさん出回っているのだろう。

ただの偶然だ。私は努めてそう思おうとした。

それから数日後、雑誌の依頼で対談をすることになった。

相手は私と同じAV女優で、お互い初対面のはずだった。

ところが、私が「はじめまして」と挨拶したところ、彼女は引き攣《つ》った笑顔になり、可愛らしい仕草で、「ヤダ！」と私をぶつ真似をする。

「もう、川奈さんたら何言ってんですかぁ。一昨日、品川駅のそばでご挨拶させていただいたばっかりじゃないですかぁ！」

傍らにいたマネージャーが私を振り向いた。私は首を横に振った。

だが、彼女は「そんなはずはない」と言い張った。

「一昨日の三時頃ですよ。品川駅前の横断歩道を川奈さんが独りで歩いてたんです。それで、この対談のことがあるから、私がお引き留めして。川奈さん、裾がシースルーになった変わったスカートを穿《は》いてて、うわカッコイイって思って、どこで買ったんですかって訊いたら、麻布十番のエム・ロマンって言って、お店の場所まで教えてくれたじゃないですか」

これを聞いて血の気が引いた。その頃、私は麻布十番に住んでいて、エム・ロマンというブティックでよく買い物をしていた。透き通ったシフォンの裾が付いたミディ丈のスカートも持っていた。そう、あれはエム・ロマンで買ったのだ。

でも、その女は私じゃない。私であるわけがない。

私とマネージャーは、一昨日は早朝から深夜までAVの撮影のために東京から車で片道三時間もかかる地方にいたことを彼女に説明した。

しかし彼女は、しげしげと私の顔を見つめて怪訝そうにするばかりだった。

「だって、申し訳ないけど、同じお顔でしたよ」

それからも、年に三、四回の頻度で、二〇〇四年三月にAVを引退するまで似たようなことが起きた。

掲示板の私の名前のスレッドにも、私にしてみれば虚偽の、しかしやけに具体的な書き込みが、たまに投稿されつづけた。なんとなく怖くなってきて、私は掲示板を見るのをやめてしまった。けれども、マネージャーがそういう書き込みを見つけてはその都度、報告してくれるのだった。

《デビュー前の川奈まり子と付き合ってた。風俗嬢が出たりするCS局でADやってるって言ってた。その前は本屋。なんか職を転々としてるっぽかった。セックス中毒のメンヘラ女だったからAVに行ったのは意外じゃない》

実は、この投稿の「CS局」というのがヒントになり、私とマネージャーは、「私に外見がそっくりな女が、実際に私の生活圏内に存在するらしい」という結論を下したのだった。

この投稿があった頃、私は『まり子ビッチの穴』という看板番組を某CS放送局に持たせてもらっており、そこのスタッフたちからこんな話を聞かされていたのだ。

「三年ぐらい前まで、川奈さんとそっくりな人がうちに居たんですよ。ホントに似てたよね?」

「ああ、そっくりだった! 化粧や髪型を同じにしたら、パッと見、区別つかないかも」

「大人しい人でしたよ。なんで辞めたのか、ちょっと忘れちゃったけど……」

それと前後する頃、『噂《うわさ》の眞相』だったと思うが、ページの隅にちょっとしたゴシップ情報が載っている雑誌があって、そこに私の名前が上がったこともあった。私が芸能人と付き合っているとか、プロレスラーと六本木で合コンしたとかいう噂だったが、そんな事実は無かった。

六本木の合コンについては、そのときの参加者の友人が私の知人男性で、彼は雑誌にその件が載ったことを知ると、すぐに電話を掛けてきた。

「あんまり変な集まりに出ない方がいいんじゃないですか。川奈さんから名刺を貰ったって自慢してましたよ。不用心すぎるでしょう。気をつけないと」

合コンの件は、例の掲示板にも投稿されていたらしい。いつものようにマネージャーから教えてもらったが、私は見る気もしなかった。

迷惑なこと甚だしい。しかし、警察や裁判所へ訴え出るほど害が及んでいるわけでもない。

何者かが私の名を騙《かた》っていて、彼女と私は瓜二つなようだ。整形で私に顔を似せたのだろうか？　欠点の多い顔だと思うのに、なんて物好きな。

けれども、この時点ではまだ私は、私をよく知る人が見れば、彼女と見分けられるはずだと考えていた。

大変よく似てはいるが、見比べたら明らかに異なっている。その程度のものだろう、と。

二〇〇三年の十二月初旬、引退を翌年の春に控えて忙しく飛び回っていた頃だった。

土曜日、私はマネージャーと午後一時ちょうどに新宿駅の丸ノ内線改札前で待ち合わせしていたが、乗っていた京王線で人身事故があり遅延したため、約束の時刻にはギリギリ間に合わなそうだった。

京王線の改札がある西口方面から早歩きで急いだ。京王線改札から丸ノ内線改札までは三分かかるかどうかという距離だから、私がそこへ着いたのは五分過ぎぐらいだったのではないかと思う。

丸ノ内線の改札のある地下通路は人通りが多かった。マネージャーは改札の前には居なかった。雑踏を見まわしてようやく見つけると、彼はどういうわけか新宿三丁目の方向へ通路を歩きかけていた。

大声で名前を呼んで振り向かせる。マネージャーはこちらを向いて私の姿を認めた。すると、彼は途端に驚愕して、みるみるうちに蒼白になった。

「今、僕の前を通り過ぎて行ったばっかりじゃありませんか！」

マネージャーは十二時五十五分に丸ノ内線改札前に到着して私を待っていた。すると午後一時を少し過ぎた頃、西口方面から私がやってきたのだという。私は彼の前を素通りして、地下通路を歩いていってしまったのだとか。

「場所を間違えてるのかなぁと思って、慌てて呼んだんです。聞こえてるはずなのに振り向いてくれないから、いったいどうしたんだと思って、追っ駆けようとしてたところでした。あれは間違いなくまり子ねえさんでしたよ！」

デビュー以来四年近く、毎日のように顔を合わせているマネージャーである。私を見間違うわけがない。

よくよく思い返してみると、通り過ぎていった「私」は、今私が着ているのとは違う服を身につけていたようだとマネージャーは言った。

「でも、洋服のセンスはまり子ねえさんそのものなんですよ。背格好も顔も同じだし。じゃあ、あれも違うのかなぁ」

まだあるのか！　何があったのか訊ねたところ、彼はこんなことを話した。

つい先日、彼が休暇をもらったときのこと、珍しく私が事務所に遊びに来ているという知らせを受けた。私が自分から事務所へ行くことは滅多にないので、何か自分に相談したいことでも出来たのかと彼は心配し、急いで事務所へ駆けつけた。しかし一足遅く、事務所に着いたときにはすでに私は帰ってしまった後だった。事務所に来た私は何か悩んでいるようすもなく、たまたま近くを通りかかったから立ち寄っただけだと言っていた、と社長から聞かされて彼は一安心した。私にこのことを話そうかと思っていたが、忙しさに取り紛れて、まだ話していなかった――。

「最近、事務所に顔、出しましたか？」

いいえ、と私は首を振った。

それは私ではない。

その後、ＡＶ引退前後から私の周囲の環境が激変して身辺が慌ただしくなり、私そっくりな誰かについて気にかける余裕もなく何年か過ごした。

逐一報告してくれるマネージャーも、もう居なかった。

分身のような女の影は遠ざかり、やがて私は、もう終わったのだと思うようになった。

それなのに、小説家デビューした二〇一一年頃からだろうか。ポツリポツリと再び奇妙な出来事が起きはじめた。

私が持っているのとよく似た手袋をはめて、姿かたちもそっくりな女が、あるタクシーに乗り、その翌日に私が同じタクシーに乗ったことから始まる『タクシーの夜』（一八八頁）も分身がらみの出来事のひとつだ。

しかし類似のエピソードは他にも色々ある。

つい先日も、最近利用するようになったネットスーパーの配達員からこんなことを言われた。

「さっき来るとき、このマンションのすぐ近くでお見かけしたから、お出掛けしちゃうのかな、どうしようって焦ったんですよ。冷凍や冷蔵のも頼まれてたから、あ、マズイことになった、携帯にお電話しなきゃならないなと思いながら下に車を停めて、でも、ついいつもの癖で電話かける前に車を降りちゃって、だからダメもとで出入り口のインターフォン鳴らしたんです。そしたらご在宅だったでしょ。良かったんですが、なんか不思議な感じです。あれは双子のごきょうだい？」

近くをうろつくばかりで、私の前には姿を現したことがない彼女。

いったい何者なのだろう。あいつは、日に一、二度、多いときで四、五回もかかってくる非通知の無言電話と何か関係があるのだろうか。家に電話を掛け、私が居るか否かを確かめているのではないか。

留守のときに上がり込まれたらどうしよう。ある日、帰宅したら、家で鉢合わせするのではないか。そのとき追い払われるのは私の方かもしれない。

ここは私の家、私の人生だ。何者にも入れ替わられたくない。

おまえは誰だ。

文庫あとがき

二〇一四年の暮れから二〇一六年の春にかけてニュースサイト「しらべぇ」で連載していた「実話系怪談コラム」の中から、怪異が起きた場所が明確なものだけを抽出して、『実話怪談　出没地帯』という単行本にまとめた。私が上梓した初の怪談実話の単著だった。本書は、それを文庫化したものだ。

連載を始めた時点では、商業ベースで発表した怪談は『赤い地獄』というホラー小説集に収録した随筆風の短編一作だけだった。怪談実話の書き手として無名だったから自分の体験もしくは自分に近しい人から聞いた話を書くほかなく、それにまた、長年溜め込んできたネタを吐き出すのが楽しくて仕方がない時期でもあった。

それだけに、あらためて読み返してみると、SNSで募った怪異の体験者を電話インタビューして蒐集した奇譚からなる近作と違って、私自身の経歴や実生活に関する記述が多く、懐かしくも気恥ずかしい心地がする。

転んでもただでは起きぬと冷評されるぐらいでなければ怪談実話を謳うことなど出来はしないが、それにしても私は無闇に転びすぎた。

現在五一歳の私だが、三〇代の終わり頃までは職と肩書がめまぐるしく変わり、真面目な文学研究者だった父を嘆かせてばかりいた。馬鹿さというか若さというか野蛮な冒険主義に一段落がつき、森村誠一塾長の小説教室で小説作法を学んで四一歳で作家デビューしたものの、初めの二、三年は官能小説を書いていた。それが、『実話怪談　出没地帯』を担当してくれた加藤摩耶子さんやスタジオ・ダラの中西如さんなど奇特にして有能な編集者さんたちのお陰で、実話奇譚や怪談実話と銘打った本を出せるようになり、最近になって恐る恐る怪談作家を名乗りはじめたというわけだ。

こんな人間がモノカキに化けて怪談実話を書いているという事実が、すでにひとつの奇譚かもしれない。『耳嚢』の根岸鎮衛なら「賤婦のもの書し事」とでも題して、「狸のもの書し事」のような珍談として巧くまとめてくれそうな気もする。

人生万事塞翁が馬。父の共訳書『六朝・唐小説集』にある中国の幻想的な説話文学や、先年、河出書房新社から再刊された『日本怪談実話〈全〉』の田中貢太郎が書いた怪談実話の数々、『耳嚢』の実話奇譚、父がコレクションしていた山田書院の「伝説と奇談」などを幼い頃から読んで育ったことも、こうなってみると無駄ではなかった。

最終的に怪談実話を書くことを仕事にしたのは、かつて濫読した古典的な奇譚・怪談の名著や傑作への憧れがあったからだと思う。

とはいえ何事も憧憬だけでは始まらない。この本の冒頭にある「怖い私」では、怪談実話を書きだしたきっかけを紹介した。共演した女性たちが次々に亡くなり、とある恐ろしい可能性に思い至って、それまでに体験した怪異を綴りはじめたのだった。彼女たちの安らかな眠りを祈りつつ、不可思議を畏れる気持ちは今も少しも変わらない。

悼む心。畏れる心。この二つが怪談作家としての私の原点となった次第だが、古今東西の誰しも、此岸に生かされながら、亡き人を悼み、彼岸を恐れてきたのでは。だから怪談的な物語が、古くから世界各地に存在したのではないか。原初的な感情が、人をして怪を語らせてきたのだろう。私もそのひとりに過ぎないということだ。

怪談実話はあらゆる土地に生まれる。人が住まう処に死と怪異あり。私たちの足下には古代からこれまでの数多《あまた》の屍者が層を成して折り重なっているのである。つまりオバケはどこにでも出るということ。ほら、あなたの後ろにも……。

川奈まり子

二〇一九年五月

＊本作は、ニュースサイト「しらべぇ」（http://sirabee.com/）に連載された、「川奈まり子の実話系怪談コラム」を加筆修正・改題し、『実話怪談　出没地帯』（河出書房新社、二〇一六年六月）として刊行したものを改題して文庫にしたものです。

実話《じつわ》怪談《かいだん》 でる場所《ばしょ》

二〇一九年 七 月一〇日 初版印刷
二〇一九年 七 月二〇日 初版発行

著 者 川奈《かわな》まり子《こ》
発行者 小野寺優
発行所 株式会社河出書房新社
〒一五一-〇〇五一
東京都渋谷区千駄ヶ谷二-三二-二
電話〇三-三四〇四-八六一一（編集）
〇三-三四〇四-一二〇一（営業）
http://www.kawade.co.jp/

ロゴ・表紙デザイン 粟津潔
本文フォーマット 佐々木暁
本文組版 KAWADE DTP WORKS
印刷・製本 凸版印刷株式会社

Printed in Japan ISBN978-4-309-41697-7

江戸の都市伝説　怪談奇談集

志村有弘〔編〕　41015-9

あ、あのこわい話はこれだったのか、という発見に満ちた、江戸の不思議な都市伝説を収集した決定版。ハーンの題材になった「茶碗の中の顔」、各地に分布する飴買い女の幽霊、「池袋の女」など。

現代の民話

松谷みよ子　41321-1

夢の知らせ、生まれ変わり、学校の怪談……今も民話はたえず新たに生まれ続けている。自らも採訪し続けた「現代民話」の第一人者が、奥深い「語り」の世界を豊かに伝える、待望の民話入門。

陰陽師とはなにか

沖浦和光　41512-3

陰陽師は平安貴族の安倍晴明のような存在ばかりではなかった。各地に、差別され、占いや呪術、放浪芸に従事した賤民がいた。彼らの実態を明らかにする。

性・差別・民俗

赤松啓介　41527-7

夜這いなどの村落社会の性民俗、祭りなどの実際から部落差別の実際を描く。柳田民俗学が避けた非常民の民俗学の実践の金字塔。

ミッキーマウスはなぜ消されたか　核兵器からタイタニックまで封印された10のエピソード

安藤健二　41109-5

小学校のプールに描かれたミッキーはなぜ消されたのか？　父島には核兵器が封じられている？　古今東西の密やかな噂を突き詰めて見えてくる奇妙な符号——書き下ろしを加えた文庫オリジナル版。

裁判狂時代　喜劇の法廷★傍聴記

阿曽山大噴火　40833-0

世にもおかしな仰天法廷劇の数々！　大川興業所属「日本一の裁判傍聴マニア」が信じられない珍妙奇天烈な爆笑法廷を大公開！　石原裕次郎の弟を自称する窃盗犯や極刑を望む痴漢など、報道のリアルな裏側。

裁判狂事件簿　驚異の法廷★傍聴記

阿曽山大噴火　41020-3

報道されたアノ事件は、その後どうなったのか？　法廷で繰り広げられるドラマを日本一の傍聴マニアが記録した驚異の事件簿。監禁王子、ニセ有栖川宮事件ほか全三十五篇。〈裁判狂〉シリーズ第二弾。

教養としての宗教事件史

島田裕巳　41439-3

宗教とは本来、スキャンダラスなものである。四十九の事件をひもときつつ、人類と宗教の関わりをダイナミックに描く現代人必読の宗教入門。ビジネスパーソンにも学生にも。宗教がわかれば、世界がわかる！

私戦

本田靖春　41173-6

一九六八年、暴力団員を射殺し、寸又峡温泉の旅館に人質をとり篭城した劇場型犯罪・金嬉老事件。差別に晒され続けた犯人と直に向き合い、事件の背景にある悲哀に寄り添った、戦後ノンフィクションの傑作。

カルト脱出記

佐藤典雅　41504-8

東京ガールズコレクションの仕掛け人としても知られる著者は、ロス、NY、ハワイ、東京と九歳から三十五歳までエホバの証人として教団活動していた。信者の日常、自らと家族の脱会を描く。待望の文庫化。

死してなお踊れ

栗原康　41686-1

行くぜ極楽、何度でも。家も土地も財産も、奥さんも子どもも、ぜんぶ捨てて一遍はなぜ踊り狂ったのか。他力の極みを生きた信仰の軌跡を踊りはねる文体で蘇らせて、未来をひらく絶後の評伝。

宮武外骨伝

吉野孝雄　41135-4

あらためて、いま外骨！　明治から昭和を通じて活躍した過激な反権力のジャーナリスト、外骨。百二十以上の雑誌書籍を発行、罰金発禁二十九回に及ぶ怪物ぶり。最も信頼できる評伝を待望の新装新版で。

猥褻風俗辞典

宮武外骨　吉野孝雄〔編〕　47296-6

鬼才――外骨の猥褻研究家の一面を遺憾なく発揮した、遊女と色気の用語集。かつて何度も発禁になった幻の研究誌「売春婦異名集」と「猥褻廃語辞彙」を収録、古来の隠語を網羅する画期的な書。

妖怪になりたい

水木しげる　40694-7

ひとりだけ落第したのはなぜだったのか？　生まれ変わりは本当なのか？　そしてつげ義春や池上遼一とはいつ出会ったのか？　深くて魅力的な水木しげるのエッセイを集成したファン待望の一冊。

なまけものになりたい

水木しげる　40695-4

なまけものは人間の至高のすがた。浮世のことを語っても、この世の煩わしさから解き放ってくれる摩訶不思議な水木しげるの散文の世界。『妖怪になりたい』に続く幻のエッセイ集成。水木版マンガの書き方も収録。

居心地の悪い部屋

岸本佐知子〔編訳〕　46415-2

翻訳家の岸本佐知子が、「二度と元の世界には帰れないような気がする」短篇を精選。エヴンソン、カヴァンのほか、オーツ、カルファス、ヴクサヴィッチなど、奇妙で不条理で心に残る十二篇。

私はガス室の「特殊任務」をしていた

シュロモ・ヴェネツィア　鳥取絹子〔訳〕　46470-1

アウシュヴィッツ収容所で殺されたユダヤ人同胞たちをガス室から搬出し、焼却棟でその遺体を焼く仕事を強制された特殊任務部隊があった。生き残った著者がその惨劇を克明に語る衝撃の書。

アフリカの白い呪術師

ライアル・ワトソン　村田恵子〔訳〕　46165-6

十六歳でアフリカの奥地へと移り住んだイギリス人ボーシャは、白人ながら霊媒・占い師の修行を受け、神秘に満ちた伝統に迎え入れられた。人類の進化を一人で再現した男の驚異の実話！